## Das System der POLYGLOTT Sterne

Auf Ihrer Reise weisen Ihnen die Polyglott-Sterne den Weg zu den bedeutendsten Sehenswürdigkeiten aus Natur und Kultur. Für die Vergabe orientieren sich Autoren und Redaktion am UNESCO-Welterbe.

*** eine Reise wert  ** einen Umweg wert  * sehr sehenswert

*** New York City S. 56
*** Niagara Falls S. 96
*** Walt Disney World, Orlando S. 112

** Philadelphia S. 65
** Washington D.C. S. 69
** Boston S. 79
** Yale University S. 85
** Berkshire Hills S. 86
** Chicago S. 90
** Henry Ford Museum, Dearborn S. 101
** Mackinac Island S. 101
** Art Déco District, Miami Beach S. 108
** Everglades N.P. S. 110
** Key West S. 110
** Universal Studios Florida S. 113
** SeaWorld Orlando S. 113
** Cape Canaveral S. 115
** New Orleans S. 124
** Nottoway Plantation S. 128
** Graceland, Memphis S. 130
** Tennessee Aquarium, Cattanooga S. 133
** Martin Luther King Jr. Historic Site, Atlanta S. 134



**Unsere Preissymbole bedeuten:**

| Hotel (DZ) | | Restaurant (Menü) | |
|---|---|---|---|
| ●●● | über 180 $ | ●●● | über 40 $ |
| ●● | 90 bis 180 $ | ●● | 20 bis 40 $ |
| ● | bis 90 $ | ● | bis 20 $ |

**Wechselkurs:**

| | | | |
|---|---|---|---|
| 1 € | ca. 1,25 US$ | 1 CHF | 0,84 US$ |
| 1 US$ | ca. 0,80 € | 1 US$ | ca. 1,18 CHF |

## Reiseplanung

## Land & Leute



## Unterwegs im Osten der USA



Kontraste in jeder Hinsicht findet man im gigantischen Dreigestirn New York – Philadelphia – Washington D.C. und seinem grünen Hinterland mit Appalachen oder Amish Country.

Die beschauliche Metropole Boston, pittoreske Städtchen, sanfte Hügellandschaften, idyllische Strände und das Naturschauspiel des Indian Summer – Neuengland ist anders und Erholung pur.

**Echt gut!**



## Karten

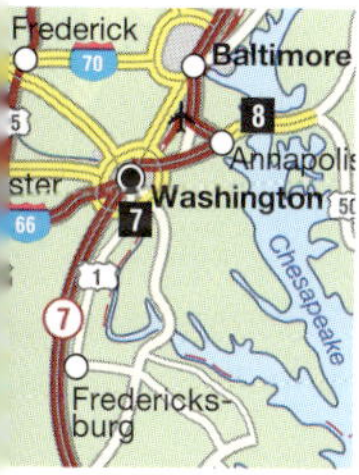

Prudential
NOW LEASING

# Reiseplanung

Die Reiseregionen ][ Die schönsten Touren ][ Klima und Reisezeit ][ Anreise ][ Reisen im Land ][ Mit Kindern unterwegs ][ Sport und Aktivitäten ][ Unterkunft

# Die Reiseregionen im Überblick

Der Osten der USA, also das Gebiet zwischen den Großen Seen und dem Mississippi auf der einen sowie dem Atlantischen Ozean und dem nördlichen Golf von Mexiko auf der anderen Seite, präsentiert sich dem Besucher äußerst abwechslungsreich.

Beginnend bei dem gigantischen Städteband der nordöstlichen Küstenebene mit den drei **Ostküstenmetropolen** New York, Philadelphia und Washington D.C.: Wer sich dieser Megalopolis nachts mit dem Flugzeug von Süden nähert, sieht über Hunderte von Kilometern ein nicht enden wollendes Band von Lichtern. Dennoch hat jede der Metropolen ihren ganz eigenen Charakter: Hier ist der Big Apple New York, mit seinen Wahrzeichen Freiheitsstatue und Empire State Building nach wie vor Inbegriff der Neuen Welt, und mit seinem herausragenden Kulturangebot sowie seinem pulsierenden Leben in den Straßenschluchten sicher eine der spannendsten Metropolen weltweit. Da ist Philadelphia, die »Wiege der Nation«, mit seinen Stätten der Unabhängigkeitsbewegung. Und dort ist Washington mit seinen Schaltzentralen der Macht, dem Weißen Haus und dem Kapitol. Doch selbst im größten Ballungsraum der Welt ist es niemals ein weiter Abstecher zu atemberaubenden Naturschönheiten, wie etwa dem Shenandoah National Park unweit von Washington. Die Übersetzung des indianischen Namens bedeutet »Tochter der Sterne« – und den Sternen scheint man auf einer Fahrt über den Gebirgskamm wirklich nahe zu sein.

**Neuengland** erinnert nicht nur vom Namen her an Europa, auch die sanften Hügellandschaften, endlosen Wälder und pittoresken kleinen Dörfer setzen einen Kontrapunkt zu den Klischees, die über die Vereinigten Staaten im Umlauf sind. Die sechs Bundesstaaten Maine, Massachussetts, Vermont, New Hampshire, Rhode Island und Connecticut sind ein beliebtes Reiseziel für Touristen aus aller Welt, die das ruhige und beschauliche Leben genießen. Wer entdecken will, wie sich Amerikaner entschleunigen, sollte die sanften Hügellandschaften der Berkshire Hills besuchen, wo die Zeit langsamer zu verstreichen scheint als anderswo. Selbst Boston, die Metropole Neuenglands, hat sich dem gemächlicheren Tempo angepasst; das große Geld wird vielleicht in New York verdient, in Neuengland gibt man es lieber aus. Das kulturelle Angebot Bostons ist Weltklasse, ein Ferienhaus auf Cape Cod oder gar den vorgelagerten Inseln Nantucket oder Martha's Vineyard zeigt, dass man es im Land der unbegrenzten Möglichkeiten zu etwas gebracht hat. Dabei interessiert es wenig, dass die Badesaison in Neuengland an den teils wunderschönen Stränden nur kurz ist. Denn sie wird abgelöst von einem Naturschauspiel, das es in dieser Form in den USA kein zweites

Das Mittelgebirge der Appalachen zieht sich durch den Osten der USA

Mal gibt: Während des Indian Summer im Frühherbst verfärben sich die Blätter der Laubbäume in alle nur denkbaren Gelb- und Rottöne und lassen das waldreiche Land in einer Farbpracht erstrahlen, die Betrachter sprachlos staunend ob der Naturschönheit zurücklässt.

Rund um die **Großen Seen** haben sich zu Zeiten, als Wasserwege für den Warentransport die bedeutendste Rolle spielten, mächtige Städte entwickelt. Metropolen wie Chicago, Detroit oder Cleveland sind die urbanen Leuchttürme einer Region, die sonst häufig kleinstädtisch oder gar ländlich geprägt ist. Obwohl die drei Großstädte über ähnliche Voraussetzungen verfügten, haben sie sich äußerst unterschiedlich entwickelt: Chicago wurde zur drittgrößten Stadt der USA und wartet heute mit der interessantesten Skyline auf, bei der alle namhaften Architekten sozusagen ihre stählerne Riesen-Visitenkarte abgegeben haben. Cleveland wandelte die einstigen Erzverladehäfen in riesige Vergnügungs- und Ausgehviertel um und besitzt heute mit der Rock and Roll Hall of Fame einen Touristenmagnet. »Motown« Detroit muss aktuell der US-Automobilkrise trotzen, Besucher zieht es zu Reminiszenzen an bessere Zeiten, zum Vermächtnis des Autopioniers Henry Ford. Ein Ergebnis der Massenmotorisierung ist die Route 66, die erste durchgängige Straßenverbindung von Chicago nach Los Angeles, die man in dieser Region bis nach St. Louis, dem »Tor zum Westen«, befahren und dabei mehr als nur einen Hauch Geschichte erleben kann. Aber nicht nur Technik, Urbanität und Fortschritt prägen das Gebiet an den Großen

Seen. Insbesondere der Bundesstaat Michigan ist ein noch wenig bekanntes Urlaubsziel mit traumhaften Stränden, riesigen Nationalparks und sogar mit Dünenlandschaften, die vergessen lassen, dass man sich »nur« an einem Binnengewässer und nicht am Meer befindet.

Buchstäblich jede Altersgruppe wird von **Florida** fast magisch angezogen: Kinder – und das Kind im Mann oder der Frau – wollen einmal Cinderellas Schloss in Disneys Magical Kingdom und die anderen Theme Parks in Orlando erleben. In dem einstigen Sumpfgebiet gibt es heute mehr Vergnügungsparks und -angebote als irgendwo anders auf dem Globus. Selbst das nahe Cape Canaveral, von wo aus die Space Shuttles ins All geschickt werden, bemüht sich mit einer themenparkähnlichen Präsentation für Besucher vom Boom zu profitieren. Aber es wäre sträflich, Florida auf Achterbahnen zu reduzieren. Von den US-Bundesstaaten ist dieses Gebiet in vielerlei Hinsicht das außergewöhnlichste: Florida beeindruckt mit seiner unglaublich vielfältigen Flora und Fauna und hat mit den Everglades ein einzigartiges Sumpfland-Ökosystem zu bieten. Zudem wartet der Bundesstaat mit einem für Touristen einmaligen Versprechen auf: Nie befindet man sich mehr als zwei Stunden vom nächsten Strand entfernt, Sonnenscheingarantie vielerorts inklusive. Städte, in denen man an 360 Tagen des Jahres im Sand liegen kann, haben Florida den offiziellen Titel »Sunshine State« eingebracht. Dass außerdem die Karibik nicht fern ist, merkt man auf der Inselkette der Keys. Im locker-heiteren Key West, das näher an Kuba als an Miami liegt, wird schnell klar, warum sich Ernest Hemingway in diese südlichste Stadt der USA unsterblich verliebte.

»The Grand Ole South« – der große alte Süden: Klischees über Klischees bestimmen das Gebiet der sechzehn **Südstaaten.** Tatsächlich ist eine Reise durch jene Staaten östlich des Mississippi – Louisiana, Mississippi, Tennessee, Alabama, Georgia und South Carolina – vielerorts wie ein Ausflug in die Vergangenheit: Liebevoll restaurierte Herrenhäuser erinnern auf Schritt und Tritt an die Antebellum-Zeit, die Tage vor dem Bürgerkrieg, der den Süden nach vier Jahren als Verlierer sah. Heute bietet der »Deep South« eine faszinierende Mischung aus Nostalgie und Zukunftsorientierung. So sind Städte wie Memphis, Nashville oder Atlanta nicht weniger modern als vergleichbar große Metropolen in den nördlichen US-Bundesstaaten. Andere kleinere Südstaaten-Ansiedlungen wie Charleston oder Savannah halten die Erinnerung an frühere Zeiten hoch. Und auf Schritt und Tritt begleitet Südstaaten-Reisende die Musik: Memphis war nicht nur die Wahlheimat von Elvis Presley, sondern nennt sich gerne auch den Geburtsort des Blues. Nashville möchte da nicht nachstehen und bezeichnet sich als Welthauptstadt der Country-Musik. New Orleans schließlich, die vielleicht berühmteste, auf jeden Fall aber außergewöhnlichste Stadt der Südstaaten, hält besonders die Jazzmusik in Ehren.

Karte Umschlag hinten

# Die schönsten Touren

## Zwei Wochen der Sonne entgegen

**(1) New York › Philadelphia › Washington D.C. › Richmond › Myrtle Beach › Charleston › Savannah › Okefenokee Swamp › St. Augustine › Daytona Beach › Cape Canaveral › Fort Lauderdale › Miami/Miami Beach**

### Distanzen:

**New York › Philadelphia** ca. 170 km/2½ Std.; **Philadelphia › Washington** ca. 225 km/2½ Std.; **Washington › Richmond** ca. 175 km/2 Std.; **Richmond › Myrtle Beach** ca. 540 km/6 Std.; **Myrtle Beach › Charleston** ca. 160 km/2½ Std.; **Charleston › Savannah** ca. 175 km/2½ Std.; **Savannah › St. Augustine** ca 295 km/3 Std.; **St. Augustine › Daytona Beach** ca. 95 km/1 Std.; **Daytona Beach › Cape Canaveral** ca. 120 km/1½ Std.; **Cape Canaveral › Fort Lauderdale** ca. 300 km/3 Std.; **Fort Lauderdale › Miami** ca. 50 km/¾ Std. **Insgesamt** ca. 2305 km/14 Tage

### Verkehrsmittel:

Nur mit einem Mietwagen lässt sich diese Tour komplett genießen. Zwischen New York, Philadelphia und Washington kann man aber auch gut auf die Eisenbahn zurückgreifen. Bei der Mietwagenbuchung ist zu beachten, dass wegen der Einwegmiete eine Gebühr von 500 $ oder mehr anfällt. Sinnvollerweise bucht man den Wagen auch erst nach der Besichtigung von New York – Parkplätze sind hier so teuer wie andernorts Hotelzimmer.

Aufregende Tage in den Großstädten, Erinnerungen an die spannende Geschichte des Landes, Ausspannen an einigen der schönsten Strände Amerikas: Auf dieser Reise ist Abwechslung garantiert. Vom »Big Apple« aus geht es immer nach Süden, bis in Miami quasi das untere Ende des US-Festlands erreicht ist. Zwei Wochen Zeit sollte man sich wegen der vielen Attraktionen unterwegs auf jeden Fall nehmen.

Den Auftakt macht eine ausgedehnte Erkundung von ***New York** › S. 56. Für den »Big Apple« sollte man sich mindestens drei Tage Zeit nehmen. Auf der gebührenpflichtigen I-95 durch New Jersey, die als meistbefahrene Straße des Landes gilt, erreicht man ****Philadelphia** › S. 65 – gerne als »Wiege der Nation« bezeichnet. Den Grund dafür

Karte Umschlag hinten

Life Guard Station, Miami Beach

erfährt man im Independence National Historical Park. Weiter geht es auf der I-95 nach Süden, wo mit **Washington, D.C. › S. 69 die Hauptstadt des Riesenlandes wartet, die nicht nur wegen des Weißen Hauses und des Kapitols sehenswert ist.

Auf der I-95 gelangt man nach **Richmond** › S. 75. In der einstigen Hauptstadt der Konföderierten erinnert noch vieles an den Bürgerkrieg. Von hier geht es auf der I-64 Richtung Atlantik. Ein Stopp in **Williamsburg** › S. 75, wo täglich die Kolonialzeit in Erinnerung gerufen wird, ist unbedingt empfehlenswert.

Im Golf- und Badeparadies **Myrtle Beach** geht es abends alles andere als ruhig zu, am Highway 17-Bypass werben Restaurants und Theater mit gleißenden Neonreklamen und es herrscht reges Treiben. Am Tag stimmt ein 100 km langer Strand versöhnlich. Das Hotelangebot in der größten Country-Hochburg jenseits von Nashville ist üppig.

Beim Bummel durch das charmante **Charleston** › S. 135 fühlt man sich zurückversetzt in die Zeit vor dem Bürgerkrieg, als sich hier die Baumwollaristokratie stolze Anwesen bauen ließ.

In ***Savannah** › S. 136 wurde 1733 Georgia als 13. und letzte Kronkolonie gegründet. Heute präsentiert sich das einstige Baumwollzentrum als idyllische Stadt mit vielen restaurierten Herrenhäusern. Ein lohnender 80-km-Abstecher führt zum **Okefenokee Swamp** › S. 137, ein großes Sumpfgebiet, in dem man gut Alligatoren begegenen kann.

**St. Augustine** › S. 116 gilt als älteste Ansiedlung der USA. Ein restauriertes spanisches Viertel erweckt den Eindruck, als sei der spanische Eroberer Ponce de León, der hier 1513 das spätere Florida betrat, gerade erst da gewesen. Das mag aber auch daran liegen, dass de León hier den sagenumwobenen Jungbrunnen gefunden haben will.

Der scheint sich tatsächlich eher bei **Daytona Beach** › S. 116 zu befinden. Den Verdacht kann man jedenfalls bekommen, wenn man die Stadt zur gigantischen Studentenparty Spring Break besucht. Außerhalb dieser Saison wartet Daytona Beach mit schönen Stränden auf.

Nächstes Highlight ist ****Cape Canaveral** › S. 115, wo der Eroberung des Weltalls ein Denkmal gesetzt wurde: der Spaceport, USA. Vielleicht steht ja gerade ein Shuttle auf der Rampe, bereit zum Start ...

Karte Umschlag hinten

**Fort Lauderdale** markiert das nahe Ende der Reise. Hier schuf der Stadtentwickler Charlie Rhodes in den 1920er-Jahren ein Venedig der Neuen Welt, als er Kanäle ausheben und mit dem Meer verbinden ließ. Heute ist die Stadt für ihre Strände und ihr Nachtleben bekannt.

Gleiches gilt auch für das benachbarte **Miami Beach** › S. 108, dessen berühmter Art Dèco District rund 1000 restaurierte Prachtbauten versammelt. Von hier ist es nur ein Katzensprung nach **Miami** › S. 109, wo man diese Reise in beliebten Touristentreffs wie dem Bayfront Park oder Coconut Grove ausklingen lassen kann.

## Vom Atlantik zu den Großen Seen in zwei Wochen

**2 Boston › Stockbridge/Berkshire Hills › Ithaca/Finger Lakes › Niagara Falls › Cleveland › Detroit › Chicago**

### Distanzen:

**Boston › Stockbridge** ca. 210 km/2½ Std.; **Stockbridge › Ithaca** ca. 350 km/4 Std.; **Ithaca › Niagara Falls** ca. 300 km/3 Std.; **Niagara Falls › Cleveland** ca. 340 km/3½ Std.; **Cleveland › Detroit** ca. 270 km/2¾ Std.; **Detroit › Chicago** ca. 460 km/4½ Std. **Insgesamt** ca. 1930 km/14 Tage

### Verkehrsmittel:

Bei dieser Tour gibt es keine Alternative zum Mietwagen. Große Teilstücke wie Detroit–Chicago lassen sich zwar auch mit dem Flugzeug zurücklegen, allerdings erheblich auf Kosten des Reisevergnügens. Bei den Reisekosten muss bei Einwegmiete eine Fahrzeug-Rückführungsgebühr miteinkalkuliert werden.

Vom Atlantik zu den Großen Seen und damit vom Salzwasser zum Süßwasser führt diese Tour voller faszinierender Gegensätze: Erst die beschaulichen Neuenglandstaaten, dann die tosenden Niagarafälle und zum Schluss Chicago, die gewaltige Metropole am Lake Michigan. In zwei Wochen ist die Route zwar gut zu schaffen, eine auf drei Wochen veranschlagte Reisedauer verspricht aber mehr Muße unterwegs.

Denn allein für ****Boston** › S. 79 sollte man sich drei Tage Zeit nehmen. Hier begegnet man Geschichte auf Schritt und Tritt auf dem Freedom Trail mit Stationen des Weges in die Unabhängigkeit. Die Fahrt durch Neuengland auf der I-90 ist ein Vergnügen für Liebhaber schöner Landschaften. Gleich hinter Boston taucht man ein in die waldreiche

Postkartenidylle Neuenglands mit Höhepunkt während des Indian Summer, die einen bis in die ****Berkshire Hills** nicht loslässt. Ein Abstecher von deren gemütlichem Regionalzentrum **Stockbridge** › S. 86 ins Museumsdorf ****Hancock Shaker Village** › S. 86 führt in die fremde Welt der asketischen Sekte »United Society of Believers in Christ's Second Appearing«, besser bekannt als Shaker.

Die weitere Fahrt zu den **Finger Lakes** verläuft durch die herrliche Kulisse der Adirondack und Catskill Mountains. Wie Finger erstrecken sich die elf Seen in die Landschaft, wo der Große Geist der Irokesen seine Hand ins Land gepresst haben soll. Am größten der elf Seen, dem Cayuga Lake, liegt **Ithaca**, die Stadt der Wasserfälle. Der Beiname wurde nicht so ganz zu Unrecht vergeben, wie ein Besuch im **Buttermilk Falls State Park** beweist (7 km südl. an der SR 13). Der 16 km lange Wanderweg Circle Greenway führt durch zahlreiche Schluchten mit wildromantischen Kaskaden. Wenn man sich beim Wandern noch nicht genug verausgabt hat, kann man im Statler Hotel übernachten, das zur renommierten Cornell-Universität gehört. Sportbegeisterte finden hier eine Kletterwand, zwei Pools und Tennisplätze (130 Statler Dr., Tel. 800/541-2501, www.statlerhotel.cornell.edu, ●●●).

Wer in Ithaca Gefallen an Wasserfällen gefunden hat, wird anschließend den *****Niagarafällen** › S. 96 entgegenfiebern. Auf kanadischem Gebiet liegen die schöneren Horseshoe Falls, die American Falls sind aber auch recht imposant – und nicht so überlaufen. An den Großen Seen ist **Cleveland** › S. 97 in Ohio die Metropole der Tour mit ihrem weltbekannten Aushängeschild, der Rock 'n' Roll Hall of Fame. Clevelands Probleme von einst sind **Detroits** › S. 98 Probleme von heute, denn der jüngste Niedergang der US-Automobilindustrie macht der Motor-Town erheblich zu schaffen. An bessere Zeiten erinnert das Henry Ford Museum im Vorort Dearborn.

Im Henry Ford Museum bei Detroit

Am Ziel, der »Windy City« ****Chicago** › S. 90, rauchen die Schlote der Stahlindustrie schon lange nicht mehr – und niemand vermisst sie. Chicago ist heute eine moderne Metropole, in der so ziemlich jeder Spitzenarchitekt seine Visitenkarte hinterlassen hat.

Karte Umschlag hinten

# Zwei Wochen auf den Straßen der Lieder

**3 Chicago › Springfield › St. Louis › Memphis › Vicksburg › Natchez › Baton Rouge › New Orleans**

### Distanzen:

**Chicago › Springfield** ca. 325 km/3½ Std.; **Springfield › St. Louis** ca. 160 km/2 Std.; **St. Louis › Memphis** ca. 460 km/4½ Std.; **Memphis › Vicksburg** ca. 400 km/4 Std.; **Vicksburg › Natchez** ca. 120 km/2 Std.; **Natchez › Baton Rouge** ca. 150 km/2½ Std.; **Baton Rouge › New Orleans** ca. 130 km/1½ Std. **Insgesamt** ca. 1745 km/14 Tage

### Verkehrsmittel:

Auf den Straßen der Lieder kann man nur mit dem Mietwagen unterwegs sein – schon, weil man mit keinem öffentlichen Verkehrsmittel die Route 66 erleben kann. Für die Einwegmiete Chicago–New Orleans wird eine Fahrzeug-Rückführungsgebühr fällig.

Musik ist die thematische Klammer für die Tour, die aus der Blues-Metropole Chicago über die Jazz- und Blues-Hochburg St. Louis den Mississippi entlang bis zum klassischen Jazz-Zentrum New Orleans führt. Zwei Wochen Zeit sollte man sich für diese Reise nehmen.

Die musikalische Einstimmung auf die Reise beginnt in ****Chicago** › S. 90** mit Blues. Nach einer ausgedehnten Stadterkundung steht abends ein Besuch im Nightclub Blue Chicago an, nachdem man sich im Rock'n'Roll McDonald's gestärkt hat. Auf dem Weg von Chicago nach Springfield kann man ein paar Meilen auf der legendären **Route 66** › S. 100 zurückzulegen und einige der Klassiker am Wegesrand bestaunen, wie das legendäre Polk-a-Dot Drive Inn in Braidwood. **Springfield** › S. 102 war lange Zeit Heimat von Abraham Lincoln, in der Altstadt sind zahlreiche Wirkungsstätten von »Abe« zu besichtigen.

Weiter geht's auf der Interstate 55 oder der Route 66 nach **St. Louis** › S. 102. Die auch »Tor zum Westen« genannte Stadt, symbolisiert durch den imposanten Gateway Arch, ist auf dieser Tour eher ein Tor zum Süden. Abends steht ein Besuch im einstigen Lagerhausdistrikt Laclede's Landing oder im Soulard District an, wo Blues und Jazz ertönt.

Salonfähig gemacht wurde der Blues angeblich in **Memphis** › S. 130, dem nächsten Tourenziel. Louis Armstrong bis B.B. King hatten hier in den Kneipen der Beale Street ihre Sessions, aber natürlich ist Memphis hauptsächlich wegen des King of Rock ’n’ Roll bekannt: Elvis Presleys Anwesen Graceland ist heute so etwas wie eine Pilgerstätte.

Auf der Weiterfahrt in Richtung Süden sorgt im Städtchen **Vicksburg** › S. 129 der Military Park dafür, dass eine der blutigsten Schlachten des Bürgerkriegs nicht in Vergessenheit gerät. In die Zeit vor den schrecklichen Kämpfen führt ein Besuch von ***Natchez** › S. 128, wo prächtige Antebellum-Anwesen erhalten sind, die zum Teil besichtigt werden können. Wer hier vor verschlossenen Herrenhäusern steht, findet zahlreiche weitere herrschaftliche Anwesen bis an den Stadtrand von New Orleans. Fast alle sind zu besichtigen, in vielen, wie der ***Oak Alley** oder ****Nottoway Plantation** › S. 128, kann man auch die Nacht verbringen – und sich dabei wie Rhett Butler oder Scarlett O’Hara fühlen.

Folkmusikklänge der besonderen Art – nämlich Cajun und Zydeco – hört man in **Baton Rouge,** architektonisch beeindruckend ist hier das 34-stöckige State Capitol.

Und schließlich endet die Reise, wie sie begonnen hat – mit dem Besuch in einer Musikkneipe. In ****New Orleans** › S. 124 hat man aber die Qual der Wahl: Jedes Restaurant, das etwas auf sich hält, jede Kneipe, die bestehen will, bietet allabendlich Live-Jazz an.

## Stadien, Startrampen und Strände in zwei Wochen

**(4) Atlanta › Charleston › Savannah › Okefenokee Swamp › Daytona Beach › Kennedy Space Center › Orlando › Tampa › Lake City/Osceola National Forest › Atlanta**

### Entfernungen:

**Atlanta › Charleston** 490 km/6¾ Std.; **Charleston › Savannah** 180 km/2½ Std.; **Savannah › Daytona Beach** 375 km/3¾ Std.; **Daytona Beach › Kennedy Space Center** 100 km/1¼ Std.; **Kennedy Space Center › Orlando** 95 km/1½ Std.; **Orlando › Tampa** 140 km/1½ Std.; **Tampa › Lake City** 280 km/3 Std.; **Lake City › Atlanta** 465 km/4¾ Std. **Insgesamt** ca. 2125 km/14 Tage

### Verkehrsmittel:

Auch bei dieser Tour heißt das bevorzugte Verkehrsmittel: Auto. Zwar könnte man das erste Teilstück von Atlanta nach Charleston mit dem Flugzeug zurücklegen und erst dann ein Kfz mieten. In diesem Fall handelt es sich jedoch nicht mehr um einen Rundkurs, ein Einweg-Mietaufschlag von bis zu 500 $ kann fällig werden.

Die einstigen Südstaaten hängen nur der Vergangenheit nach? Von wegen! Auf dieser Rundreise durch Teile von Georgia, South Carolina und Florida erlebt man sowohl Romantik wie aus der Zeit vor dem Bürgerkrieg als auch High-Tech, wie den Weltraumbahnhof von Cape Canaveral. Zwischendurch laden einige schöne Strände zum Verweilen ein, womit die Strecke allerdings nicht, wie sonst möglich, in knapp zwei Wochen zu schaffen ist.

Im Okefenokee Swamp

Schon am Beispiel **Atlantas** › S. 133 zeigt sich, welchen Spagat die Südstaaten versuchen. Zum einen ist man traditionsbewusst und hält das Andenken an die Vor-Bürgerkriegszeit hoch. Zum anderen haben in Atlanta Coca-Cola und der Nachrichtensender CNN ihre Heimat. Martin Luther King Jr., der in Memphis erschossene Bürgerrechtler, hat in einer würdigen Gedenkstätte seine letzte Ruhe gefunden. Die längste Teiletappe dieser Route führt von Atlanta an die Küste, in die liebenswerte Stadt **Charleston** › S. 135 und weiter in die Südstaaten-Vorzeigestadt ***Savannah** › S. 136. Zwischen Savannah und St. Augustine besteht die Möglichkeit, einen 80 km langen Abstecher zum **Okefenokee Swamp** › S. 137 zu machen. Das malerische **St. Augustine** › S. 116 ist die älteste ununterbrochen bewohnte Ansiedlung der USA.

Über **Daytona Beach** › S. 116, die Stadt der Autorennen und der Spring Break, geht es nach ****Cape Canaveral** › S. 115 zum Kennedy Space Center, dem legendären Weltraumbahnhof. Hier zweigt die Route ab ins Landesinnere nach **Orlando** › S. 112 mit der wohl größten Ansammlung von Vergnügungsparks auf dem Planeten. Selbst wer sich nur auf Walt Disney World konzentriert, ist gut und gerne vier Tage lang voll beschäftigt. Im Schatten von Orlando hat es der auf das Thema Afrika spezialisierte Vergnügungspark Busch Gardens › Special S. 24 in **Tampa** schwer, sich mit seinen atemberaubenden Achterbahnen zu behaupten; nicht verpassen sollte man hier auch das Florida Aquarium.

Um den Rückweg von Tampa nach Atlanta nicht zu lang werden zu lassen, bietet sich noch ein Zwischenstopp in **Lake City** an. Die unberührte Natur des dortigen **Osceola National Forest** setzt einen erholsamen Kontrapunkt zu den Kunstwelten von Orlando. Nach ausgiebigen Wanderungen darf es statt einer letzten Nacht im Hotel dann auch ein Aufenthalt auf einem der Campingplätze sein.

# Zwei Wochen Tradition, Geschichte und Moderne

**5 New York › New Haven › Newport › Boston › Albany › Ithaca › Niagara Falls › Cleveland › Pittsburgh › Gettysburg › Lancaster/Dutch Country › Reading › Philadelphia › New York**

## Entfernungen:

**New York › New Haven** 115 km/1¼ Std.; **New Haven › Newport** 160 km/2 Std.; **Newport › Boston** 131 km/1¾ Std.; **Boston › Albany** 270 km/2¾ Std.; **Albany › Ithaca** 265 km/3 Std.; **Ithaca › Niagara Falls** 265 km/3 Std.; **Niagara Falls › Cleveland** 345 km/3½ Std.; **Cleveland › Pittsburgh** 220 km/2½ Std.; **Pittsburgh › Gettysburg** 375 km/4½ Std.; **Gettysburg › Lancaster** 80 km/1½ Std.; **Lancaster › Reading** 50 km/¾ Std.; **Reading › Philadelphia** 90 km/1¼ Std.; **Philadelphia › New York** 155 km/1¾ Std. **Insgesamt** ca. 2525 km/ 14 Tage

## Verkehrsmittel:

Zum Mietwagen gibt es bei dieser Tour keine Alternative. Wer Teilstücke mit der Bahn oder mit dem Flugzeug zurücklegt, beraubt sich der Flexibilität. Im Amish Country ist man ohne eigenes Fahrzeug ohnehin auf verlorenem Posten.

Zwar sind seit der amerikanischen Staatsgründung nicht viel mehr als 200 Jahre vergangen, diese Tour zeigt aber innerhalb von etwa 14 Tagen, dass das Land bei aller Moderne viel Wert auf Traditionen und Geschichte legt.

In den oberen Etagen der glasglitzernden Wolkenkratzer von ***New York › S. 56 sitzen mit Sicherheit zahlreiche Führungskräfte, die ihre Karriere in **New Haven** › S. 85 begonnen haben, an der Elite-Uni Yale mit sehenswertem Campus und Kultureinrichtungen.

Wenn im 19. Jahrhundert die Führungselite des Landes Urlaub machte, dann bevorzugt in **Newport** › S. 84. Im Atlantikstädtchen entstanden viele bis heute erhaltene prächtige Residenzen nach europäischem Vorbild. Durstig? In der White Horse Tavern, der ältesten Schänke des Landes, werden seit 1673 Gäste bewirtet.

In ****Boston** › S. 79 werden die Ereignisse, die zum Aufstand gegen England und zum Unabhängigkeitskrieg führten, an jeder Ecke in Erinnerung gerufen: Auf dem Freedom Trail wandert man auf den Pfaden der Revoluzzer.

Karte Umschlag hinten

The Lake im Central Park von New York

Gleich hinter Boston beginnt bei der Weiterfahrt auf der I-90 die waldreiche Postkartenidylle Neuenglands. Das Farbenfestival des berühmten Indian Summer erreicht seinen Höhepunkt in den ****Berkshire Hills,** wo man im altehrwürdigen Red Lion Inn zu **Stockbridge** › S. 86 zumindest einen Happen essen sollte.

Um **Albany,** die Hauptstadt des Bundesstaates New York, kennenzulernen, reicht ein Besuch des Rockefeller Empire State Plaza (Madison/ State Sts.). Die elf Hochhäuser dienen als Regierungs-, Kultur- und Kongresszentrum und beherbergen Geschäfte und Cafés.

Bis zu den gut 300 km entfernten **Finger Lakes** begleitet einen die herrliche Kulisse der Adirondack und Catskill Mountains. **Ithaca,** die Stadt der Wasserfälle, hat eine gewisse Berühmtheit erlangt, kann aber natürlich nicht mithalten mit den *****Niagarafällen** › S. 96, einer »der« Touristenattraktionen Nordamerikas.

**Cleveland** › S. 97 bedeutet nach den Naturattraktionen des Streckenabschnitts zwischen Boston und Niagara Falls die vorübergehende Rückkehr in die Großstadt. Musikfans kommen natürlich nicht an der Rock 'n' Roll Hall of Fame vorbei.

In der »Steel City« **Pittsburgh,** die sich in der Modernisierung befindet, ergattert man problemlos ein Zimmer für die Nacht. Touristisch hat die einstige Kohle- und Stahlindustriestadt allerdings wenig zu bieten – allenfalls das alte Fort Pitt aus dem 18. Jh., das der Stadt ihren Namen gab. Der Besuch des Forts gibt einen Vorgeschmack auf die nächste Station dieser Reise, **Gettysburg**. Die Kleinstadt steht sinnbildlich für den Irrsinn des Krieges, woran der National Military Park erinnert – nichts für zart Besaitete.

In **Lancaster** › S. 67 und den umliegenden Ortschaften scheint die Zeit stehen geblieben zu sein: Im Zentrum des Dutch Country leben die gläubigen Amish-People seit Jahrhunderten nach ihren eigenen Werten und ohne den Segen der modernen Technik.

Konsum pur steht dagegen in **Reading** › S. 67 im Mittelpunkt, das sich großspurig die »Wiege des Outlet Shopping« nennt – mit dem nach wie vor florierenden Original, den VF Outlet Stores.

****Philadelphia** › S. 65 dagegen lebt touristisch nicht schlecht vom Ruhm vergangener Tage. Jeder geschichtsbewusste Amerikaner möchte einmal in der Stadt, in der die Verfassung des Landes erarbeitet wurde, dem wirkungsvoll in Szene gesetzten Weg dorthin im historischen Zentrum folgen. Von Philadelphia führt die Tour schließlich auf der I-95 wieder zurück zum Ausgangspunkt **New York.**

## Touren in den Regionen

| Touren in der Region | Region | Dauer | Seite |
|---|---|---|---|
| City-Hopping | Ostküsten-metropolen | 9 Tage | 52 |
| Amerikas Gründerväter | Ostküsten-metropolen | 10 Tage | 53 |
| Durch den Shenandoah National Park | Ostküsten-metropolen | 5 Tage | 54 |
| Elite-Uni und Elite-Urlaub | Neuengland | 14 Tage | 77 |
| In die Berkshire Hills | Neuengland | 5 Tage | 78 |
| Get your kicks ... | Große-Seen-Region | 7 Tage | 88 |
| Seenfahrt | Große-Seen-Region | 10 Tage | 89 |
| Sonne, Spaß und Strände | Florida | 14 Tage | 105 |
| Hemingway und Humphrey Bogart | Florida | 4 Tage | 106 |
| Höhepunkte der Südstaaten | Südstaaten | 14 Tage | 121 |
| Plantagen und Herrenhäuser | Südstaaten | 5 Tage | 123 |

# Klima und Reisezeit

Da die Appalachen in Nord-Süd-Richtung verlaufen, kommen sie nicht als Klimascheide zwischen dem kühleren Norden und dem wärmeren Süden in Frage. Das Fehlen einer West-Ost-Klimabarriere führt zum Austausch von tropischer Luft aus dem Südwesten und polarer Luft aus dem Nordosten. Diese Mischung sorgt im Osten der USA – wie in weiten Teilen des Landes – für gemäßigtes Klima mit heißen Sommern und kalten Wintern. Gleichzeitig fehlt eine natürliche Barriere gegen die tropischen Stürme aus dem Süden, die sich als Hurrikane beinahe ungehindert über die Küstenregionen des Landes hinwegbewegen.

Eine schweißtreibende Ausnahme vom sonst vorherrschenden Klima ist der subtropische Süden, dessen Schwüle besonders im Hochsommer schier unerträglich scheint. Der südliche Bundesstaat Florida wiederum ist mit Strandtemperaturen während des

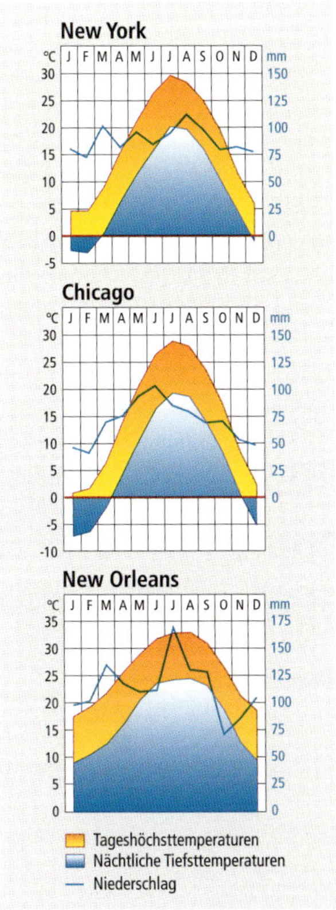


## Hurrikane

Die südöstlichen USA liegen in der Zugbahn der tropischen Wirbelstürme, die sich über dem Atlantik aufbauen und von Juni bis November Florida und die Golfküste heimsuchen. Das National Hurricane Center (www.nhc.noaa.gov) in Miami zeichnet Informationen über die Stürme auf und gibt entsprechende Warnungen bis hin zur Evakuierung aus. 2005 registrierte das Center mit 27 Hurrikanen fast dreimal so viele wie üblich, darunter drei der höchsten Kategorie 5. Unter ihnen hat »Katrina« Geschichte geschrieben: Die von ihm verursachten Deichbrüche führten zur Flutkatastrophe in New Orleans.

gesamten Jahres gesegnet. Die strengen Winter im Norden, vor allem in Chicago und St. Louis, sind legendär.

Als Reisetermin bietet sich die Zeit zwischen Ende Mai und Anfang Oktober an. Die amerikanische Hochsaison wird eingegrenzt durch die Feiertage Memorial Day (letzter Montag im Mai) und Labor Day (erster Montag im September): Wegen der subtropischen Hitze im Süden sind Aufenthalte während der Hochsommermonate Juli und August dort weniger empfehlenswert. Auch in Florida wird es im Hochsommer oft unerträglich heiß, in der Nähe der Sumpfgebiete können von Mai bis Oktober die in Scharen auftretenden Mücken zur Plage werden. Als Ausgleich besteht in Florida beinahe ganzjährig Sonnengarantie, wobei die regelmäßigen (und leider immer häufiger berechtigten) Hurrikan-Warnungen im Spätsommer und Herbst nicht gerade tourismusfördernd sind. Von Ende September bis Mitte Oktober bieten die Neuenglandstaaten ein einzigartiges Schauspiel. Die prächtige Laubfärbung des Indian Summer lockt Jahr für Jahr mehr Touristen an.

## Anreise

Günstige Zielflughäfen bei Überseeflügen sind New York, Chicago, Atlanta, Washington, Boston, Philadelphia und Miami. Auf den Atlantikstrecken unterbieten sich die Fluggesellschaften mit Billigtarifen.

## Reisen im Land

### Flugzeug

Bei den teilweise enormen Entfernungen in den USA ist das Flugzeug wichtiges Verkehrsmittel, große und kleine Städte des Ostens werden zu teilweise günstigen Tarifen von Billigairlines verbunden. Bekanntester Vertreter ist Southwest-Airlines (Tel. 1-800/435-9792; in Europa nur über www.southwest.com buchbar). Für Aufsehen sorgt auch das Unternehmen Jetblue (www.jetblue.com), das günstige Preise mit Komfort (u.a. Live-TV an Bord) kombiniert.

### Auto

Die USA lassen sich am besten mit dem Auto erkunden. Um in den Genuss günstiger Tarife zu kommen, sollte man den Wagen bereits im Heimatland reservieren. In den Pauschalpreisen der hiesigen Veranstalter ist oft die Vollkaskoversicherung enthalten. Gibt man den Wagen nicht im Ort oder zumindest im Bundesland der Anmietung zurück, fallen Rückführgebühren von bis zu 500 $ an. Mitglieder kooperierender Automobilclubs wie ADAC oder ÖAMTC haben Anspruch auf Unterstützung durch das US-Pendant, den AAA (Tel. 1-800-AAA-HELP). Bei Reisebeginn sollte man sich unbedingt das hervorragende Karten- und Prospektmaterial besorgen, das die zahlreichen, in jeder größeren Stadt vorhandenen AAA-Büros bereithalten.

Cruiser an Floridas Westküste

!! Auf den den Interstates, Freeways und Highways gilt ein Tempolimit zwischen 55 und 65 Meilen pro Stunde (mph, 88–104 km/h), seltener auch 75 mph (120 km/h). In den USA ist ein Rechtsabbiegen trotz roter Ampel erlaubt, wenn dadurch der vorfahrtberechtigte Verkehr nicht behindert wird; bei »No turn on red« ist die Regel aufgehoben. Hat man einen Streifenwagen oder ein Polizeimotorrad mit eingeschaltetem Blaulicht hinter sich, fährt man rechts an den Straßenrand, steigt aber auf keinen Fall aus, sondern legt beide Hände deutlich sichtbar aufs Lenkrad und wartet auf die Anweisungen des Polizisten.

## Bahn

Das Image der amerikanischen Bahn ist nicht das beste. Die Tickets sind teuer, die Züge fahren in eher gemächlichem Tempo. Dennoch ist eine Fahrt mit den silbernen Amtrak-Zügen ein Erlebnis: Für ausländische Besucher gibt es 15- und 30-Tage-Pässe. Detaillierte Infos bei:

- MESO Amerika-Kanada-Reisen, **Wilmersdorfer Str. 94, D-10629 Berlin, Tel. 0 30/8 81 41 22 www.meso-berlin.de**
- Austria Reiseservice, **Hessgasse 7, A-1010 Wien, Tel. 01/31 07 44 10**
- Reisebüro Kuoni, **Neue Hard 7, CH-8037 Zürich, Tel. 0 44/2 77 41 00, www.kuoni.ch**

## Bus

Die Greyhound-Busse, die zwischen den größeren Städten des Ostens verkehren, sind eine Institution. Den bis zu 30 Tage gültigen Ameripass gibt es im Heimatland besonders preisgünstig. Allerdings sind die Busse nur mäßig komfortabel. Infos bei:

- MESO Amerika-Kanada-Reisen › oben/Bahn
- Kompass Reisen, **Mariahilferstr. 133, A-1150 Wien, Tel. 01/8 92 33 07**

Special

# Spaß nicht nur bei Mickey Mouse

In den USA prinzipiell und so auch im Osten des Riesenlandes ist man oft viele Stunden im Auto unterwegs. Da ist der quengelnde Satz vom Rücksitz »Sind wir bald dahaa?!?« geradezu vorprogrammiert. Immerhin kann man dem ungeduldigen Nachwuchs aber versprechen, dass er, am Ziel angekommen, definitiv auf seine Kosten kommt, sei es in Vergnügungsparks, Kindermuseen, am Strand oder im Zoo.

## Vergnügungsparks

Keine Frage: Mit der Aussicht, der berühmtesten Maus der Welt in **Orlando** oder den unzähligen anderen Vergnügungsparks dort einen Besuch abzustatten, kann man Kindern die größte Freude überhaupt machen. Aber auch anderswo im Osten der USA gibt es Vergnügungsparks mit Weltruf. **Busch Gardens** nahe Tampa wartet mit neuesten Achterbahnen und hervorragend gestalteten Tiergehegen etwa für bengalische Tiger (› Bild oben) auf. Im **Hersheypark** bei Philadelphia dreht sich dagegen alles um das Thema Schokolade – wie auch im benachbarten Hersheyworld. Ihren Spaß haben Kinder auch auf dem **Navy Pier** von Chicago, wo ein prächtig beleuchtetes Riesenrad und ein überdimensionales Kettenkarussell zu Begeisterungsjuchzern führen.

- **Busch Gardens Africa,** 3000 East Busch Blvd, Tampa, Tel. (888) 800-5447, www.buschgardens.com
- **Hersheypark,** 100 W. Hersheypark Drive, Hershey, Tel. (800) 4377-439, www.hersheypark.com
- **Navy Pier,** 600 East Grand Avenue, Chicago, Tel. (800) 595-PIER, www.navypier.com

## Hands on!

Warum finden Kinder Museen langweilig? Weil man dort nichts anfassen darf. In den Hands-on-Museen der Vereinigten Staaten sind die Spielregeln genau umgekehrt: Hier soll alles ertastet und ausprobiert werden können – was natürlich einen Riesenspaß macht. Diesem Hands-On-Konzept folgen unter anderem das New Yorker **Children's Museum of Manhattan,** das **Chicago Children's Museum** am Navy Pier oder das **Great Lakes Science Center** in Cleveland.

- **Children's Museum of Manhattan,** 212 W. 83rd St., New York, Tel. (212) 721-1234, www.cmom.org
- **Chicago Children's Museum,** 700 East Grand Avenue, Chicago, Tel. (312) 527-1000, www.chicagochildrensmuseum.org
- **Great Lakes Science Center,** 601 Erieside Ave., Cleveland, Tel. (216) 694-2000, www.glsc.org

## Museen

Auch altehrwürdige Museen können Kinder faszinieren. Beste Beispiele hierfür sind das **American Museum of Natural History** in New York, in dem es riesige Dinosaurier zu bestaunen gibt und in dem in prächtigen Szenerien die Zeit der Römer oder der Wilde Westen in Erinnerung gerufen werden. Ein ähnliches Konzept verfolgt das **National Museum of Natural History** in Washington. Hier hängt beispielsweise ein riesiger Wal von der Decke – was bei Kindern regelmäßig für einen offen stehenden Mund sorgt.

- **American Museum of Natural History,** Central Park W./79th. St., New York, Tel. (212) 769-5100, www.amnh.org
- **National Museum of Natural History,** 10th St./Constitution Ave. NW., Washington, Tel. (202) 633-1000, www.mnh.si.edu

## Zoos/Aquarien

Zoos und Aquarien sind nach wie vor Attraktionen für Kinder. Hier kann der Osten der USA mit einigen »Klassikern« aufwarten: Der **Bronx Zoo** in New York ist einer der größten der Welt, für den man sich auf jeden Fall einen ganzen Tag Zeit nehmen sollte. Eine Nummer kleiner fällt der **Central Park Zoo** aus. Die Liste der sehenswerten Aquarien ist schier unendlich, die drei spektakulärsten sind das **Audubon Aquarium of the Americas** in New Orleans, das angeblich weltgrößte Seewasseraquarium **Miami Seaquarium** und das **Tennessee Aquarium** in Chattanooga.

- **Bronx Zoo,** 2300 Southern Boulevard, New York, Tel. (718) 367-1010, www.bronxzoo.com
- **Central Park Zoo,** 64th St./5th Ave., New York, Tel. (212) 439-6500, www.nyzoosandaquarium.com
- **Audubon Aquarium of the Americas,** Riverwalk, New Orleans, Tel. (504) 581-4629, www.auduboninstitute.org
- **Miami Seaquarium,** 4400 Rickenbacker Cswy., Miami, Tel. (305) 365-2518, www.miamiseaquarium.com
- **Tennessee Aquarium,** 1 Broad St., Chattanooga, (615) 756-8687, www.tnaqua.org

# Sport und Aktivitäten

## Golf

Das Golfspiel hat in den USA längst nicht einen so elitären Charakter wie in Europa. Praktisch jeder größere Ort verfügt über entsprechende Möglichkeiten, Gastspieler sind in Klubs gerne gesehen. Eine besonders herrliche Kulisse bieten die Greens in den White Mountains. Die meisten Plätze gibt es um Myrtle Beach. Vermittlung:

- Myrtle Beach Chamber of Commerce, **1200 N. Oak St., Myrtle Beach, SC 29577, Tel. (800) 356-3016, www.mbchamber.com**

## Wandern

Gut ausgeschilderte Trails unterschiedlicher Länge, dazu Camps und Schutzhütten findet man in den State und National Parks. Ideal für Leute, die vom Wandern nicht genug kriegen, ist der 3500 km lange Appalachian Trail, der vom Baxter S.P. in Maine über den Shenandoah und den Great Smoky Mountain N.P. bis nach Georgia führt. Infos:

- Appalachian Mountain Club (AMC)
**5 Joy St., Boston, MA 02108, Tel. (617) 523-0655, www.outdoors.org**

## Radfahren

Neuengland ist das Bikerparadies schlechthin. Auf stillen Nebenstraßen kann man sanfte Hügel, weite Wälder und einsame Küsten erkunden. Besonders empfehlenswert ist der 50 km lange Cape Cod Rail Trail von Dennis nach Wellfleet. Aber auch Chicago verfügt über wunderschöne Radwege, unter anderem entlang dem Lake Michigan. Radverleih:

- Village Cycle Center, fünf Stationen in Chicago, z.B. **600 E. Grand Ave., Tel. (312) 595-9600, www.bikechicago.com**

### Best of ...

Amerika wäre nicht Amerika, wenn es nicht regelmäßig auch Wahlen der schönsten Strände im Land geben würde. Eine »Best of«-Liste stellt z.B. Professor Stephen Leatherman zusammen. Hier findet sich in der aktuellen Liste auf Platz 1 nicht etwa ein Strand von Hawaii oder Kalifornien, sondern der Caladesi Island State Park, Dunedin/Clearwater, Florida. Auch die Plätze 3 und 9 gehen an Florida (Siesta Beach, Sarasota, und Cape Florida State Park, Key Biscayne, Florida). Rang 4 und 6 belegt New York (Coopers Beach/Southampton und Main Beach East Hampton), Platz 8 die Outer Banks von Cape Hatteras in North Carolina, Platz 10 der Beachwalker Park auf Kiawah Island in South Carolina.

Special

# Action auf Flüssen, Seen und an der Küste

In Florida, so heißt es, ist man nie mehr als zwei Stunden vom Meer entfernt. Freunde von Wassersport und schönen Stränden kommen jedoch nicht nur im Sunshine State auf ihre Kosten. Außer der Atlantikküste und dem Golf von Mexiko locken auch Amerikas größte Binnengewässer – unter diesen besonders der Lake Michigan – sowie unzählige Seen und Flüsse.

## Strände zum Austoben

Für Strandfans, denen es auf Dauer zu langweilig ist, den ganzen Tag faul in der Sonne zu liegen, bieten die sportbegeisterten Amerikaner immer eine Alternative. Besonders wild geht es in den Tourismus-Hochburgen **Myrtle Beach** in South Carolina und **Daytona Beach** in Florida zu. In beiden Städten ist das Sportangebot fast unüberschaubar und reicht von Wasser- und Jetskifahren über Windsurfen, Tauchen und Fischen bis hin zum Parasailing. Die Adressen und Links entsprechender Veranstalter findet man im Internet unter **www.daytonabeach.com** und unter **www.myrtlebeachwatersports.com.**

## Geblähte Segel vor Chicago und Annapolis

Seine riesigen Ausmaße lassen den Lake Michigan fast wie ein Meer erscheinen. Ins Bild passt, dass sich mitten in Chicago zahlreiche Strände am Lake Michigan befinden; gerade in der Windy City wäre es sträflich, die meist steife Brise nicht auch auf dem Wasser auszunutzen. **Chicago Sailing** vermietet sogenannte J-22- und J-24-Boote mit oder ohne Skipper.

Nicht allzu bescheiden nennt sich Annapolis die Segelhauptstadt Amerikas. Tatsächlich bietet die lang gezogene Chesapeake Bay beste Möglichkeiten für Segelsportler. Einfach zu finden ist **Schooner Woodwind** direkt am Marriott Waterfront Hotel in Downtown Annapolis. Hier kann man z.B. ein 6 m langes Segelboot mieten, mit dem man einen halben oder ganzen Tag durch die Bay, ein Stück auf dem Severn River oder unter der Bay Bridge hindurch bis zum Thomas Point Lighthouse segeln kann. (Den Segelschein nicht vergessen – quasi jeder Qualifikationsnachweis über die Segeltauglichkeit wird akzeptiert.)

■ **Chicago Sailing, Belmont Harbor, B Dock, Chicago, Tel. (773) 871-7245, www.chicagosailing.com**

■ **Schooner Woodwind, Annapolis, Tel. (410) 263-7837, www.schooner-woodwind.com**

## Paddeln oder Raften

Der Black Creek, der durch den Desoto National Forest im Südosten des Bundesstaates Mississippi fließt, zählt unter Kennern zu den schönsten Flüssen in Nordamerika. Das Unternehmen **Black Creek Canoe Rental** in Brooklyn vermietet die nötige Ausrüstung und stellt auch die passenden Kanu-Touren zusammen. Vom gemütlichen Kurztrip, der sich in 30 Minuten bewältigen lässt, bis zum Ganztagesausflug mit Badestopps an diversen Sandbänken ist für jedes Zeitkontingent die richtige Tour im Angebot.

Virginia ist mit seinen zahllosen Flüssen ein Paradies für Wassersportler. Als guter Ausgangspunkt für Touren in die Umgebung empfiehlt sich Richmond, und hier insbesondere der Veranstalter **Richmond Raft** mit einem umfangreichen Programm sowohl an gemütlichen Schlauchboot-Ausflügen als auch aufregenden Wildwassertrips auf dem James River. Besonders adrenalinfördernd sind die Stromschnellen direkt vor der Skyline von Richmond.

Sowohl Anfänger ohne Vorkenntnisse als auch geübte Sportler, die die Herausforderung unbekannter Gewässer suchen, finden weitere Veranstalter (Outfitter) für Paddeltouren mit Kajak, Kanu oder Schlauchboot auf der Website **www.vappa.com** der Virginia Professional Paddlesports Association (VAPPA).

■ **Black Creek Canoe Rental, 20 Old Highway 49 West, Brooklyn (MS), Tel. (601) 582-8817, www.blackcreekcanoe.com**

■ **Richmond Raft, 4400 E. Main St., Richmond (VA), Tel. (804) 222-7238, www.richmondraft.com**

# Unterkunft

Wenn es um eine Unterkunft geht, ist Amerika wahrlich das Land der unbegrenzten Möglichkeiten. Vor Wochenenden, Feiertagen und in viel besuchten Touristenorten empfiehlt sich jedoch eine rechtzeitige Vorabreservierung.

## Hotels und Motels

In Hotels wie Motels gelten die Zimmerpreise für ein oder zwei Gäste. Für zusätzliche Personen wird ein Aufschlag erhoben. Die lokale Steuer ist nicht in der Preisangabe enthalten. Zur Grundausstattung der Zimmer gehören Telefon, Fernseher und Klimaanlage. Davon abgesehen gibt es sehr deutliche Unterschiede:

**Motels** oder **Inns** sind für den Autofahrer konzipiert. Hier geht man nicht davon aus, dass jemand länger als eine Nacht bleibt. Die Häuser befinden sich meist nahe der Autobahn oder an den Ausfallstraßen. Bezahlt wird im Voraus, am Tag der Abreise wirft man im Vorbeifahren den Schlüssel in den Briefkasten an der Rezeption. Die Zimmer sind ab 40 $ zu haben, selbst in den Randgebieten der Großstädte muss man selten mehr als 100 $ zahlen.

### Hotel- und Motelketten

Vor der Reise kann man sich von den Hotel- und Motelketten Gesamtverzeichnisse ihrer Häuser mit Lage, Preis und Extras zusenden lassen.

- **Bass Hotels, Moselstraße 4, 60329 Frankfurt/M., Tel. 08 00/1 81 51 31 oder 0 69/2 74 01 40, Fax 23 02 55, www.ichotelsgroup.com.** Holiday Inn, Crowne Plaza, Intercontinental.
- **Best Western Hotels, Frankfurter Straße 10–14, 65760 Eschborn, Tel. 0 18 02/21 25 88, Fax 47 24 12 oder 47 24 60, www.bestwestern.com**
- **Choice Hotels, Stahlgruberring 1, 81829 München, Tel. 08 00/1 85 55 22, www.choicehotels.com.** Vertretung für Quality Inns, Comfort Inns, Sleep Inns, Econo Lodge, Rodeway Inns und Clarion Hotels.
- **Hilton Hotels, Lyoner Straße 11, 60528 Frankfurt/M., Tel. 0 08 00/44 45 86 67, www.hilton.com**
- **Hyatt Hotels, Martin-Luther-King-Straße 20, 55122 Mainz, Tel. 01 80/5 23 12 34, www.hyatt.de**
- **Sheraton, Starwood Global Sales Office, Lyoner Straße 44–48, 60528 Frankfurt/M., Tel. 0 08 00/32 53 53 53, www.sheraton.com**
- **Radisson SAS Hotels Worldwide, Tel. 0 80 01/81 44 42, www.radissonsas.com**

The Breakers in Palm Beach nennt sich »The World's Finest Resort«

**Hotels** liegen in Preis und Service über Motels und Inns. Besonders in den Städten ist hier von freiem Parken nicht mehr die Rede. Dafür locken Hotels je nach Kategorie mit Zusatzeinrichtungen wie Restaurants, Fitnessstudio, überdachtem Swimmingpool und dem Concierge, einem Mitarbeiter für Fragen zum Hotel und zur Stadt. Hotelzimmer gibt es in der Regel schon ab 70 $, in den Metropolen fangen die Preise erst im dreistelligen Bereich an.

## Resorts

Resorts sind für Kunden konzipiert, die ihren Urlaub überwiegend in einer Hotelanlage verbringen. Mit Extras wie vielfältigem Sportangebot sowie einem abendlichen Unterhaltungsprogramm richtet man sich auf die vergnügungsinteressierte Klientel ein. Resorts sind meistens im oberen Preissegment, selten unter 150 $ pro Nacht angesiedelt, viele verlangen einen Mindestaufenthalt von drei Tagen.

## Bed & Breakfast

Die Dame des Hauses begrüßt Gäste persönlich und hält mit ihnen einen kleinen Plausch im Wohnzimmer. Morgens bittet der Hausherr zum gemeinsamen Frühstück und führt anschließend stolz durch das Anwesen, häufig ein liebevoll gepflegtes, jahrhundertealtes Kleinod: Bed & Breakfast (B & B) ist sicher die persönlichste Art, Nordamerika kennenzulernen, die Preise liegen dabei jedoch deutlich über denen eines Mittelklassehotels. Dafür bekommt man aber auch mehr geboten als in den oft unpersönlichen Hotelketten.

■ Informationen zu B & B in den USA erhält man bei **AAR Anglo-American Reisebüro GmbH,** **Vidumstr. 2, 49492 Westerkappeln, Tel. 0 54 04/9 60 80, www.aartravel.com.** Außerdem halten die Visitors Bureaus Adressen der regionalen Vermieter bereit.

## Camping

Die privaten Campingplätze der Kampgrounds of America (KOA) haben einen ausgezeichneten Standard, sind allerdings oft nicht billiger als ein einfaches Motel.

■ Verzeichnis gegen 4 $ bei **KOA International, P.O. Box 30558, Billings, MT 59114** oder unter **www.koakampgrounds.com.**

Staatliche Campingplätze sind vom Niveau her höchst unterschiedlich. Die schönsten befinden sich in den State und National Parks. Häufig sind sie sehr einfach ausgestattet, können dafür aber mit einer herrlichen Lage und niedrigeren Preisen als die privaten aufwarten.

**Buch-Tipp** Die im Jahresturnus überarbeiteten **AAA CampBooks Northeastern** und **Southeastern** sind für Mitglieder des ADAC und anderer kooperierender Automobilclubs in den Filialen der American Automobile Association (www.aaa.com) erhältlich oder online unter www.adac.de (Stichwort »TourSet & Reiseführer«).

Echt gut!

### Die schönsten Luxushotels

Eine Nacht in einem Luxushotel zu verbringen – wer würde nicht davon träumen? Die Umsetzung der Idee kann kostengünstiger sein, als man annimmt. Wenn die Luxusherbergen nicht ausgelastet sind – zum Beispiel bei Stadthotels am Wochenende oder in Strandhotels außerhalb der Saison – werden die Preise teilweise drastisch gesenkt.

■ **The Breakers** ist ein 1896 wahr gewordener Traum des Eisenbahnbarons Henry M. Flagler. 1926/27 nach einem Brand im Stil eines italienischen Palazzos neu aufgebaut, nennt es sich heute als Wahrzeichen von Palm Beach »The World's Finest Resort« (One South County Rd., Tel. 561/655-6611, www.thebreakers.com, ●●●). › Tour 13/S. 106

■ Höher als im **Four Seasons** kann man als Hotelgast in New York nicht wohnen – und zum Standardtarif auch nicht teurer. › S. 63

■ Im **Hotel Hershey,** benannt nach dem berühmtesten amerikanischen Schokoladenproduzenten, gehört zur zuckersüßen Nacht eine Schokoladenbehandlung im Spa. › S. 68

■ Im **Palmer House** von Chicago wurde angeblich der Executive Level erfunden – eine Etage, die nur für Stamm- und andere besondere Gäste reserviert ist und mit Extra-Annehmlichkeiten aufwartet. › S. 94

■ Eine Nacht »Vom Winde verweht« in einem alten Südstaaten-Herrenhaus – diesen Wunsch erfüllt die prächtige **Oak Alley Plantation** in Vacherie/Louisiana. › S. 128

# Land & Leute

Steckbrief ][ Geschichte im Überblick ][ Natur und Umwelt ][ Kunst und Kultur ][ Feste und Veranstaltungen ][ Essen und Trinken ][ Shopping

Steckbrief

# USA – der Osten

**Staaten:** Alabama (AL), Connecticut (CT), Delaware (DE), Florida (FL), Georgia (GA), Illinois (IL), Indiana (IN), Kentucky (KY), Louisiana (LA), Maine (ME), Maryland (MD), Massachussetts (MA), Michigan (MI), Mississippi (MS), New Hampshire (NH), New Jersey (NJ), New York (NY), North Carolina (NC), Ohio (OH), Pennsylvania (PA), Rhode Island (RI), South Carolina (SC), Tennessee (TN), Vermont (VT), Virginia (VA), West-Virginia (WV) sowie District of Columbia (D.C.)
**Fläche:** 2,35 Mio. km$^2$
**Bevölkerung:** 152 Mio., 67 Einw./km$^2$
**Höchster Punkt:** Mount Mitchell (NC) mit 2037 m
**Größte Städte:** New York City (NY) 8,3 Mio. Einw., Chicago (IL) 2,83 Mio. Einw., Philadelphia (PA) 1,45 Mio. Einw., Detroit (MI) 917 000 Einw.
**Währung:** US-Dollar (1 US-$ = 100 Cents)
**Zeitzonen:** Östlicher Teil der Region in der Eastern Time Zone (ET = MEZ – 6 Std.), westlicher in der Central Time Zone (CT = MEZ – 7 Std.). Sommer-/Winterzeit (Daylight/Standard Time) mit Uhrenumstellung etwa zum gleichen Datum wie in Europa.
**Landesvorwahl:** 001

## Lage und Landschaft

Der Osten der Vereinigten Staaten wird von den Großen Seen und von Kanada im Norden, im Osten vom Atlantik, im Süden vom Golf von Mexiko und im Westen vom Mississippi begrenzt. Das Gebiet bedeckt mit 2,35 Mio. km$^2$ ein Viertel der gesamten Staatsfläche und wird von drei Großlandschaften dominiert: den Küstenebenen am Atlantik und am Golf von Mexiko, den Appalachen, ein durch den ganzen Osten parallel zur Küste verlaufendes Mittelgebirge, und dem Kanadischen Schild (Laurentinisches Plateau), der von Kanada bis in das Gebiet der Großen Seen reicht. Im nordöstlichen Teil der

Küstenebene befindet sich mit Boston, New York, Philadelphia und Washington der größte urbane Ballungsraum der Welt. An den Großen Seen liegt mit Chicago, Detroit und Cleveland eine weitere Metropolregion.

Der Osten der USA verfügt über drei große Küstenregionen, eine entlang des Atlantiks, eine am größten Süßwasserareal der Welt, den Großen Seen, die sich die Staaten mit Kanada teilen, und das riesige Mississippidelta als Zentrum der dritten Küstenlinie. Mitunter taucht auch der Begriff »vierte Küste« auf, womit die Gestade des 3800 km langen Mississippi gemeint sind.

## Politik und Verwaltung

Die USA sind in insgesamt 50 Bundesstaaten aufgeteilt, von denen jeder über eine relativ große Eigenständigkeit verfügt (kooperativer Föderalismus). Zwei Kammern, Repräsentantenhaus und Senat, nehmen in den Bundesstaaten die Gesetzgebung wahr. Auf Bundesebene sorgen Senat und Repräsentantenhaus für die Gesetzgebung, während der mit weitreichenden Vollmachten ausgestattete Präsident mit seinem Kabinett den Staat führt.

## Bevölkerung

Die USA sind nach wie vor ein Einwanderungsland, nur die Herkunftsregionen haben sich geändert. Nachdem zwischen 1820 und 1989 mehr als 7 Mio. Deutsche, 4,7 Mio. Iren und 5,3 Mio. Italiener in die Staaten einwanderten und dafür sorgten, dass 40 % der Amerikaner nun europäische Vorfahren haben, hoffen heute v.a. Auswanderer aus zentralamerikanischen Ländern auf eine bessere Zukunft in den USA. Amerikas Ureinwohner, die Indianer, stellen landesweit nicht einmal mehr 1 % der Bevölkerung.

## Wirtschaft

Der Osten ist der wirtschaftliche Motor der USA. Allerdings haben die klassischen Industriestädte des »Manufacturing Belt« (Chicago, Detroit, Cleveland, Pittsburgh) mit Strukturproblemen zu kämpfen, während neue Zweige im Hightechbereich wie Maschinenbau, Elektrotechnik, IT, Chemie- und Biotechnologie oder die Luft- und Raumfahrttechnik in Florida für einen Ausgleich der Verhältnisse in den Metropolen sorgen.

In der Landwirtschaft dominieren Viehzucht und Futtermittelanbau im Nordosten, in Delaware, Illinois und Indiana steht die Getreideproduktion an erster Stelle, Floridas wichtigste Agrarerzeugnisse sind Zitrusfrüchte.

Im Dienstleistungsbereich ist im »Sunshine State« der Tourismus ein wichtiger Faktor, der bedeutendste Finanzplatz der Welt ist die New Yorker Wall Street. Diese wird seit 2007 von einer globalen Finanzkrise als Folge einer US-Immobilienkrise erschüttert, mit dramatischen Folgen: Banken melden reihenweise Insolvenz an, der Wohlstand v.a. mittlerer und niedriger Einkommensschichten ist akut gefährdet.

# Geschichte im Überblick

**Ca. 30 000 v.Chr.** wandern Nomaden über die Beringstraße nach Amerika ein und verbreiten sich bis 9000 v.Chr. im ganzen Land.

**1497** John Cabbot erklärt das Gebiet zwischen Virginia und Neufundland zum Besitz der britischen Krone.

**1513** Der spanische Eroberer Juan Ponce de León betritt bei St. Augustine amerikanischen Boden.

**1607** In Jamestown entsteht die erste dauerhafte britische Siedlung.

**1620** Die Pilger der »Mayflower« kommen bei Cape Cod an.

**1764–1767** Repressive britische Gesetze und immer neue Steuern erregen den Unmut der 13 Kolonien. Forderung nach Mitbestimmung.

**1773** Boston Tea Party: Aus Protest gegen die Teesteuer werfen Kolonialisten die Teeladung britischer Handelsschiffe über Bord.

**1774** In Philadelphia tagt der Erste Kontinentalkongress. Die Handelsbeziehungen mit dem Mutterland werden abgebrochen.

**1775–1777** Mit Feuergefechten bei Boston beginnt der Unabhängigkeitskrieg. Am 4. Juli 1776 erklären sich die Kolonien in Philadelphia für unabhängig vom englischen Königreich.

**1783** Mit dem Frieden von Versailles endet der Unabhängigkeitskrieg.

**1787** In Philadelphia wird die Verfassung der Vereinigten Staaten von Amerika unterzeichnet.

**1789** George Washington wird zum ersten Präsidenten gewählt.

**1812–1814** Erneuter Krieg mit Großbritannien. Washington wird niedergebrannt.

**1861–1865** Amerikanischer Bürgerkrieg zwischen Nord- und Südstaaten. Nach der Kapitulation der Südstaaten am 9. April 1865 wird die Sklaverei abgeschafft.

**1867** Schwarze Einwohner erhalten das Bürgerrecht und drei Jahre später das Wahlrecht.

**1917** Eintritt der USA in den Ersten Weltkrieg.

**1920** Frauen erhalten das Wahlrecht. Die Prohibition verbietet bis 1933 Herstellung und Transport von Alkohol.

**1929** »Schwarzer Freitag« an der Wall Street: Der Börsenkrach führt zur Weltwirtschaftskrise.

**1941** Nach dem vernichtenden Angriff der Japaner auf Pearl Harbor im Zweiten Weltkrieg geben die Amerikaner ihre Neutralität auf.

**1963** Präsident John F. Kennedy wird in Dallas ermordet.

**1965–1973** Krieg der USA gegen Nordvietnam, ca. 3 Mio. Tote.

**2001** Größter Terroranschlag in der Geschichte der USA mit fast 3000 Toten. Das World Trade Center wird zerstört, das Pentagon schwer beschädigt.

**2002** Krieg gegen Afghanistan.
**2003** Invasion von US-Truppen im Irak mit dem Ziel, Saddam Hussein zu stürzen. Der Irakkrieg ist begleitet von massiver Kritik an der Regierung Bush.
**2005** Der Hurrikan Katrina verwüstet die Küste Louisianas und überflutet New Orleans. Über 1000 Menschen sterben.
**2008** Eine Finanzkrise sorgt für nie zuvor erlebte Kurseinbrüche an der Wall Street; die Regierung verzeichnet das größte Haushaltsdefizit in der Geschichte der USA und beschließt einen 700-Mrd.-$-Rettungsplan, um weitere Bankeninsolvenzen abzuwenden. Mit dem Demokraten Barack Obama wird erstmals ein Afroamerikaner US-Präsident, sein republikanischer Widersacher John McCain unterliegt bei den Wahlen im November deutlich.

# Natur und Umwelt

Hat man einmal die Ballungsräume verlassen, erwartet einen überall im Osten der USA Grün, so weit das Auge reicht. In Neuengland und den Staaten entlang der Appalachen gibt es endlos scheinende Nadel- und Laubwälder. Im Süden wird die Vegetation subtropisch mit ausgedehnten Kiefernwäldern zwischen Louisiana und Florida und bestandsbildenden Zypressen im großflächig versumpften Küstenbereich. Florida beeindruckt mit seinen Palmen an Küste und Keys und Mangroven in den Everglades sowie mit weiten Graslandschaften. Der Vielfalt der Pflanzen steht der Artenreichtum der Tiere in nichts nach, allerdings wurde deren Lebensraum seit der Kolonialzeit drastisch verkleinert. Rückzugsraum für bedrohte Fauna und Flora bieten National Parks, wie der Everglades N.P. (Florida), der Shenandoah N.P. (Virginia) oder der Great Smoky Mountains N.P. (Tennessee/North Carolina). Insgesamt ist der Flächenanteil von Nationalparks und Naturschutzgebieten verschwindend gering. Die Umweltpolitik der USA ruft auch verstärkt Widerstand hervor. So stießen Präsident Bushs Pläne, die $CO_2$-Emissionen nicht vor 2025 senken zu wollen, auf heftige Kritik von Umweltschützern, Opposition und mit Kaliforniens Gouverneur Schwarzenegger sogar aus den eigenen Reihen.

Weißreiher in den Everglades

# Kunst und Kultur

## Architektur

In der Architektur hat sich Amerika längst zum internationalen Trendsetter entwickelt. Vom späten 18. Jh. bis zum Unabhängigkeitskrieg ließen sich die Kaufleute ihre Häuser im **Georgian Style** mit seiner eleganten, perfekten Symmetrie erbauen. Dann setzte sich der neoklassische **Greek-Revival-Stil** durch, der griechische Tempelarchitektur zitiert.

Im Süden schlug die große Stunde der Baumwollaristokratie, die mit stattlichen Anwesen Reichtum demonstrierte. Ohne Nachfolge blieb die städtische Bebauung von New Orleans, deren Häuser im French Quarter mit schattigen Innenhöfen, umlaufenden Balkonen und gusseisernen Geländern überdauert haben. Auch Washington mit seinen antikisierenden Bauten wirkt geradezu unamerikanisch.

Als Geburtsort des **Wolkenkratzers** gilt Chicago. Nach der Brandkatastrophe von 1871 waren 100 000 Menschen obdachlos. Die besten Architekten Amerikas eilten zur Hilfe und zogen riesige Stahlbauten in die Höhe, wovon der erste Wolkenkratzer das Home Insurance Building von **William Le Baron Jenney** (1832–1907) war. In New York griff die Stadt nach Errichtung des Equitable Building 1915 regulierend ein: Der 40 m hohe Bau sorgte für die Bestimmung, dass sich Wolkenkratzer künftig nach oben zu verjüngen hatten. Bekannteste Produkte dieser Direktive sind das Chrysler Building und das Empire State Building.

Spitze des Chrysler Building

Auch in Chicago suchte man nach neuen Formen. **Louis H. Sullivan** (1856–1924) entwarf vom Material bestimmte, funktionale Gebäude mit sparsamer, origineller Ornamentik. Das Carson Pirie Scott Building mit seinen Stahlstreben, den breiten, zurücktretenden Fenstern und der bronzenen Verkleidung der beiden unteren Etagen untermauert dies eindrucksvoll. **Ludwig Mies van**

**der Rohe** (1886–1969) propagierte im Gegenzug den bald landesweit verbreiteten International Style. Zwischen beiden Extremen stand **Frank Lloyd Wright** (1867–1959), der einen organischen Bezug der Landschaft zu seinen Bauten für wichtig erachtete.

Nach dem Zweiten Weltkrieg bekamen die architektonischen Einzelkämpfer Konkurrenz von den Architekturbüros. **Skidmore, Owings & Merrill (SOM)** erregte mit dem Sears Tower in Chicago Aufsehen, die Konkurrenten **Emery Roth & Sons** konzipierten unter Federführung Minuro Yamasakis das World Trade Center in New York. Zum Handlungsreisenden in Sachen Architektur wurde **I. M. Pei** (geb. 1917), der für die City Hall und den Hancock Tower in Boston, den East Wing der National Gallery in Washington, die Rock 'n' Roll Hall of Fame in Cleveland und das Four Seasons Hotel in New York verantwortlich zeichnet. 2003 erhielt **Daniel Libeskind** (geb. 1946) den Auftrag, auf dem Gelände des World Trade Center eine neue Hochhausgruppe zu bauen. Ihr zentrales Element, ein gläserner Turm, soll 541 m in die Höhe ragen. Aus wirtschaftlichen Erwägungen heraus ließ der Investor den Entwurf jedoch inzwischen von SOM überarbeiten.

## Literatur

Parallel zur britischen Kolonialisierung des amerikanischen Ostens entwickelte sich das literarische Schaffen der Siedler, wobei die ersten Bücher theologischer Natur waren. Die von den Ideen der Aufklärung geprägten **Thomas Paine** (1737–1809) oder **Thomas Jefferson** (1743–1826) unterstützten in ihren Schriften die Unabhängigkeitsbestrebungen der Kolonien. In den Neuenglandstaaten etablierte sich Anfang des 19. Jhs. eine eigene Literaturrichtung, der Transzendentalismus. **Ralph Waldo Emersons** (1803–82) »Nature« gilt als Bibel der Bewegung. Emersons Schüler **Henry David Thoreau** (1817–62) beeinflusste mit seinem Werk »Von der Pflicht zum Ungehorsam gegen den Staat« u.a. Martin Luther King und Mahatma Gandhi.

In den Südstaaten war im frühen 19. Jh. die Sklaverei Thema in der Literatur, wobei die meisten Autoren keine moralischen Bedenken äußerten. Nicht so die Neuengländerin **Harriet Beecher-Stowe** (1811–96) in »Onkel Toms Hütte« – dem Antisklavereiroman schlechthin.

Die Berkshiress von Neuengland waren Mitte des 19. Jhs. eine Hochburg amerikanischer Literaten. In Lenox schrieb **Nathaniel Hawthorne** (1804–64) u.a. »Das Haus mit den sieben Giebeln« und »Der scharlachrote Buchstabe«, in Pittsfield entstand »Moby Dick« von **Herman Melville** (1819–91). An der Ostküste erlebte die amerikanische Short Story ihre erste Blüte durch Geschichten von **Edgar Allen Poe, Mark Twain** und **Washington Irving.** Die amerikanische Lyrik erhielt in der zweiten Hälfte des 19. Jhs. durch **Walt Whitman** (1819–92) entscheidende Impulse, sein Hauptwerk ist »Leaves of Grass«.

Margaret Mitchell, die Autorin von »Vom Winde verweht«

Die Industrialisierung des Nordens führte zur kritischen Auseinandersetzung mit dem neuen Amerika, die »Amerikanische Tragödie« von **Theodore Dreiser** (1871–1945) gilt als Meilenstein. Die Werke Dreisers prägten auch **John Dos Passos** (1896–1970), der die Gefährdung des Individuums durch die Industriegesellschaft beschrieb. Als deren Opfer sahen sich die Schriftsteller der Lost Generation: **Gertrude Stein, Ernest Hemingway** und **F. Scott Fitzgerald** rechneten in zynischen Romanen mit dem Amerika des frühen 20. Jhs. ab.

Mit **Eugene O'Neill** (1888 bis 1953) und **Tennessee Williams** (1914–83) bekam das Drama in Amerika einen adäquaten Stellenwert. Wie Williams wählte auch der Romancier **William Faulkner** (1897–1962), ein bedeutender Vertreter der literarischen Moderne, New Orleans zu seinem Schaffensort. In Atlanta veröffentlichte **Margaret Mitchell** 1936 »Vom Winde verweht«.

Auch nach dem Zweiten Weltkrieg ist die US-Literatur nicht vom Optimismus geprägt. **John Updike** (geb. 1932) schildert die Öde des Alltags, **J. D. Salingers** (geb. 1919) »Der Fänger im Roggen« die Schwierigkeiten des Erwachsenwerdens. Verstärkt finden auch schwarze Autoren Gehör: **Alice Walkers** (geb. 1944) »Die Farbe Lila« wurde aufsehenerregend verfilmt, **Toni Morrison** (geb. 1931) erhielt 1993 den Literatur-Nobelpreis. Viel Beachtung finden die Romane von **Tom Wolfe** (geb. 1931; »Fegefeuer der Eitelkeiten«), **Paul Auster** (geb. 1947; »New York Trilogie«, »Im Land der letzten Dinge«) und **Philip Roth** (geb. 1933; »Der menschliche Makel«, »Verschwörung gegen Amerika«).

## Musik

New Orleans gilt als Geburtsort des **Jazz,** hier verhalf Louis Armstrong (1900–71) dieser Musikrichtung zum Durchbruch. Als die verarmte Landbevölkerung im Ersten Weltkrieg in die Metropolen des Nordens auswanderte, nahm sie den Jazz mit. Chicago, St. Louis und New York reklamieren deshalb heute den Jazz für sich. Während in den 1920ern kleine Combos den Jazz spielten, bildete sich in den 1930ern der Big-

Band-Sound heraus, mit dem sich Benny Goodman und Glenn Miller einen Namen machten.

Der **Blues** war ursprünglich die Musik der schwarzen Sklavenarbeiter. Nach dem Zweiten Weltkrieg entstand in den Großstädten, besonders in Chicago, der City Blues. Muddy Waters, Howlin' Wolf und Elmore James verstärkten erstmals die Musik elektrisch – die Stilrichtung wird Rhythm and Blues genannt, B. B. King und John Lee Hooker sind und waren bekannte Interpreten.

»Pardon me boy, is that the Chattanooga Choo-Choo …«

Der **Rock 'n' Roll** entstand in Memphis, wo Elvis Presley zum Superstar avancierte. Für die Jugendlichen galt die Musik als Ausdruck ihrer Rebellion gegen alte Werte. Der Musikstil bekam Impulse von schwarzen Komponisten. Little Richard und Chuck Berry kreierten den harten Rock 'n' Roll. Der in den Folgejahren dominierenden **Beat-Musik** setzte Berry Gordy Jr. in Detroit den **Motown-Sound** entgegen. Die Musik der Motoren fand sich im hämmernden, mitreißenden Sound vieler Songs von Motown wieder. Sein kleines Plattenstudio brachte Superstars wie Stevie Wonder, die Supremes oder die Four Tops hervor.

Die als so typisch für die USA geltende **Country-Musik** (Hillbilly) entstand Anfang des 20. Jhs. in Tennessee. Angelsächsische Einwanderer spielten dort ihre Lieder auf selbst gebauten Fiedeln, Banjos und Mandolinen. Instrumentalisten wie Earl Scrugg oder Lester Flatt brachten Tempo in die Songs und schufen so den **Bluegrass-Sound.** Bedeutendster Interpret dieser Musikrichtung war Hank Williams.

Nicht minder typisch ist das **Musical.** Seine großen Erfolge feierte es zwar am New Yorker Broadway, doch Komponisten wie Frederick Loewe (»My Fair Lady«), Leonard Bernstein (»West Side Story«), Galt McDermot (»Hair«) und Marvin Hamlisch (»A Chorus Line«) haben sich auch in Übersee einen Namen gemacht.

Die New Yorker Ghettos brachten in den 1970er-Jahren den **Rap** hervor, zu dessen ersten Stars Kurtis Blow und Grandmaster Flash zählten. Unter der Bezeichnung **Hip-Hop** hat er sich zu einer inzwischen kommerzialisierten Subkultur der urbanen Jugend weltweit entwickelt.

## Malerei

Als Vater der amerikanischen Malerei gilt **John Singleton Copley** (1738 bis 1815), dessen Porträt des Bostoner Nationalhelden Paul Revere in Amerika jedes Kind kennt. Berühmtheit erlangte auch **Gilbert Stuart**

(1755–1828), der mit Vorliebe George Washington porträtierte. Nach der Unabhängigkeit demonstrierten die Künstler ihre Abnabelung vom Mutterland durch Landschaftsbilder, die Amerika als modernen Garten Eden darstellen. Besonders die New Yorker Hudson River School um **Thomas Cole** (1801–1848) hatte sich diesem Thema verschrieben.

Einen Kontrapunkt setzte die Ash-Can-Bewegung um **Robert Henri** (1865–1929), die Slums und Armut realistisch darstellte. **Edward Hopper** (1882–1967) schilderte in seinen Szenen aus dem amerikanischen Alltag die Vereinsamung des Individuums.

Die vor dem Naziregime aus Europa geflohenen Künstler gaben der US-Malerei neue Impulse. Nach 1945 entstand der Abstrakte Expressionismus, dann die Minimal Art und schließlich die viel diskutierte Pop Art. **Andy Warhol** (1928–87), **Roy Lichtenstein** (1923–97) mit seinen riesigen Comicbildern und **Claes Oldenburg** (geb. 1919) sind die bekanntesten Künstler.

# Feste und Veranstaltungen

Die ethnische Vielfalt des Landes sorgt dafür, dass es beinahe täglich in irgendeiner Bevölkerungsgruppe etwas zu feiern gibt. Nur die größten dieser Volksfeste wie der irische St. Patrick's Day am 17. März oder der mexikanische Cinco del Mayo am 5. Mai werden landesweit begangen.

## Festkalender

**Anfang Januar: Elvis Presley's Birthday Celebration,** Graceland/Memphis.

**2. Wochenende im Januar: Art Déco Weekend** in Miami Beach (FL) mit Oldtimer-Paraden und Musik.

**Mitte Februar: Daytona 500** – das bekannteste Stockcar-Rennen Amerikas in Daytona Beach (FL).

**Mitte Februar/Anfang März: Mardi Gras** – weltberühmte Karnevalsfeier in New Orleans.

**Anfang März bis Anfang April: Pilgrimages,** unter anderem in Natchez: Viele dem Publikum sonst nicht zugängliche Herrenhäuser können besichtigt werden (auch im Oktober).

**17. März: St. Patrick's Day** – Nationalfeiertag der Iren. Besonders prächtige Umzüge in New York und Chicago, wo sogar der Chicago River grün gefärbt wird.

**Mai: Memphis in May** – Straßenfest zu Ehren eines jährlich wechselnden Landes.

**Anfang Juni: Chicago Blues Festival** – seit mehr als 20 Jahren stattfindendes Event mit vorwiegend lokaler, aber auch nationaler Top-Besetzung und mit einem jährlich wechselnden Motto.

**Juni bis August: Shakespeare in the Park** in New York. Wesentlich kleiner, aber weltberühmt auch in Mobile (AL).

**Anfang Juni: Scooper Bowl,** das größte Eiscreme-Festival in den USA auf dem Boston Common.

**Anfang bis Mitte Juni: Lilac Festival** auf Mackinac Island (MI) zur Fliederblüte, eine der angeblich 100 schönsten Festivitäten der USA.

**Ende Juni/Anfang Juli: Taste of Chicago** – größte Schlemmerorgie im Land.

**Ende Juni bis Anfang September: Tanglewood Music Festival** in Lenox (MA), ältestes und berühmtestes Musikfestival der USA mit dem Boston Symphony Orchestra.

**Anfang Juli: Harborfest** an der Waterfront von Boston mit Feuerwerken, Paraden und Seafood-Festival.

**4. Juli: Amerikanischer Nationalfeiertag,** Feste und Feuerwerk überall im Land, spektakulär in der Hauptstadt Washington.

**Anfang August: Elvis Week** in Memphis (TN) mit musikalischen und sonstigen Kultur- und Unterhaltungsveranstaltungen.

**2. Septemberwoche: Wahl der Miss America** in Atlantic City (NJ).

**31. Dezember: Silvesterfeste** überall im Land. Legendär: die öffentliche Party am New Yorker Times Square.

# Essen und Trinken

Beinahe unausrottbar scheint das Vorurteil, die Amerikaner ernährten sich ausschließlich von Steaks und Hamburgern. Wer mit derlei Erwartungen seine Reise durch den Osten der USA antritt, wird sein blaues, kalorienreiches Wunder erleben.

Schon das Frühstück mit seinen vielen Variationen lässt keine Wünsche offen. Auf der Speisekarte stehen Pfannkuchen einträchtig neben Omelettes, Waffeln neben Hamburgern. Entscheidet man sich für eine der deftigen Varianten, gibt's dazu *hash browns,* eine Art Bratkartoffeln. Beinahe obligatorisch bei der Kaffeebestellung ist die Frage »regular or decaf«, normal oder koffeinfrei. Der Muntermacher wird immer wieder kostenlos nachgeschenkt. Die Südstaaten ergänzen das Frühstücksangebot durch *grits,* eine gewöhnungsbedürftige Maisgrütze.

Derart auf den Tag vorbereitet, ist das Mittagessen beinahe Nebensache. Die meisten Amerikaner begnügen sich mit einem Sandwich oder einem Salat. Am Abend dann schlägt die große Stunde der Gourmets, wobei das Esserlebnis je nach Ort höchst unterschiedlich ausfällt.

Im tiefsten Süden, rund um New Orleans, buhlen gleich zwei Küchenvarianten mit inzwischen nur noch marginalen Unterschieden um die Gunst der Touristen: Die französischen Einwanderer brachten die kreolische Art zu kochen mit und trafen auf die Kochkunst der aus Kanada eingewanderten Cajuns, denen man nachsagt, sie würden alles essen, was schwimmt, fliegt oder Beine hat – außer Schiffe, Flugzeuge und Stühle. In beiden Küchen wird an Tabasco und anderen scharfen Gewürzen nicht gespart. Unbedingt probieren sollte man *jambalaya*, die kreolische Variante der Paella, sowie *gumbo*, einen Eintopf aus Okraschoten, der umso leckerer schmeckt, je undefinierbarer seine Zutaten sind.

Wesentlich feiner geht es beim Essen in den Neuenglandstaaten und an der Ostküste zu. Rund um Boston und in Maine wird Hummer *(lobster)* in solchen Mengen und zu so niedrigen Preisen angeboten, dass man sich um den Fortbestand der Art Sorgen machen könnte. Allgegenwärtig ist auch *clam chowder*, ein Eintopf mit Muschelfleisch und Kartoffeln. Ein kulinarisches Ereignis der besonderen Art sind die *clambakes:* Muscheln, Hummer, Kartoffeln und Zwiebeln werden auf Seegras über einem Feuer gedünstet, wobei Gesellschaft und Spaß eine ebenso große Rolle spielen wie das Gericht selber.

Wenn schon sonst nicht, ist New York auf jeden Fall in kulinarischer Hinsicht ein »Melting Pot«. In den 17 000 Restaurants der Stadt gibt es nichts, was es nicht gibt. In bescheidenerem Umfang gilt dies auch für Washington. Eine Spezialität der Chesapeake Bay sind die *blue crabs*. Einheimische Fischer behaupten, dass die Krustentiere am besten schmecken, wenn man sie bei Vollmond fängt …

Ein eigener Kochstil hat sich in den letzten Jahren in Florida und besonders in Miami gebildet: Die sogenannte »New World Cuisine«, die sich durch frische Basisprodukte, leichte Soßen und in-

Echt gut!

## Fast Food außergewöhnlich

Hamburger, Fritten und andere Fast-Food-Gerichte der besonderen Art findet man hier:

- **Quincy Market:** In Boston dreht sich vieles um Hummer – und so bekommt man hier den Lobster als Happen für Zwischendurch ohne viel Schnickschnack in die Hand gedrückt. › S. 80.
- **Rock 'n' Roll Mc Donald's:** Um die Bulettenbraterei in Chicago herum wurde ein immer größer werdendes Musikmuseum gebaut. › S. 94
- **Ted Drewes Frozen Custard:** Angeblich wurde in diesem Laden in St. Louis der Beton-Milkshake erfunden, der nicht einmal ausläuft, wenn man ihn auf den Kopf stellt. › S. 103
- **The Varsity:** Das angeblich größte Schnellrestaurant der Welt befindet sich in Atlanta und ist berühmt für seine Hot Dogs. › S. 135
- **Sonic:** Wie in der guten alten Drive-In-Zeit bleibt man bei dieser Fast-Food-Kette im Auto sitzen und bekommt die Bestellung auf einem Tablett an den Fensterrahmen gehängt. 2500 Filialen im Land (www.sonicdrivein.com).

novative Zubereitung – oft mit karibischem oder fernöstlichem Touch – auszeichnet.

Bei so viel kulinarischem Erfindungsreichtum bleibt kaum noch Gelegenheit für den amerikanischen Klassiker: ein deftiges, kurz gebratenes Steak. Doch keine Bange: Ein zünftiges Steakhouse findet man nach wie vor überall.

Entlang der Atlantikküste hat man eine reiche Auswahl an frischen Fischen und Schalentieren

Bei den Getränken hat das schon legendär leichte Bier ernsthafte Konkurrenz bekommen. In allen größeren Städten etablierten sich Minibrauereien, die einen ordentlichen Gerstensaft herstellen – teilweise sogar nach dem deutschen Reinheitsgebot. Weine fristen – außer in hochpreisigen Restaurants – eher ein Schattendasein. Wer auf Nummer sicher gehen möchte, bestellt am besten einen Chardonnay. Der kommt inzwischen nicht mehr automatisch aus dem kalifornischen Napa Valley, denn mittlerweile haben auch die Weinanbaugebiete z.B. von Virginia einen ordentlichen Ruf.

**!** Beim Dinner sollte man die Etikette beachten: Selbst in gähnend leeren Restaurants wartet man am Eingang, um zum Tisch geführt zu werden *(wait to be seated)*. Trinkgelder sind für das Personal kein Zubrot, sondern Teil des Lohnes und sollten daher mindestens 15 % der Rechnungssumme betragen.

## Hot Dog & Co.

Der Pioniergeist der Stadt St. Louis › S. 102 ist legendär. Einige erstaunliche Grenzüberschreitungen fanden in der Stadt am Mississippi auch auf kulinarischem Gebiet statt, wie »Toasted Ravioli«, also frittierte Ravioli. Die größten Beiträge zur Esskultur aber verdankt St. Louis der Weltausstellung von 1904. Bei dieser Gelegenheit wurde nicht nur der Iced Tea erfunden, sondern auch der Hot Dog, der in 1001 Variationen einen weltweiten Siegeszug antrat. Damals wie heute besteht der Klassiker aus einem Frankfurter Würstchen, das mit Ketchup, Senf und Relish, einer Art Saure-Gurken-Mischung, bestrichen und in zwei Brötchenhälften eingepackt wird. Gut für den kleinen Hunger zwischendurch!

Special

# Schnäppchen für eine Handvoll Dollar

Darf's ein bisschen weniger sein? Auch wenn der Dollar inzwischen gegenüber dem Euro deutlich nachgegeben hat, sollte man beim Shoppen in den USA auf die Preise schauen. Eine ideale Gelegenheit für Schnäppchen bieten Outlet Malls – Einkaufszentren, in denen angebliche Überschussware mit Preisreduktionen an die Käufer gebracht werden soll.

## Sawgrass Mills

Sawgrass Mills ist die Königin der Outlet Malls. Millionen von Kauflustigen zieht es jährlich in die weit mehr als 350 Geschäfte bei Fort Lauderdale. Wie bei einer klassischen Shopping Mall gibt es auch in Sawgrass Mills ein umfangreiches Unterhaltungsangebot sowie zwei Food Courts für die Erschöpften und Hungrigen. Besucher sollten am Infostand nach einem Coupon Book für zusätzliche Rabatte fragen. Für Freunde hochwertiger Luxusartikel sind es von Sawgrass Mills nur ein paar Schritte zu den dazugehörigen Colonnade Outlets.

■ Sawgrass Mills, **12801 West Sunrise Blvd., Sunrise, Florida, Tel. (954) 846-2300 oder 800-FL-Mills, www.sawgrassmillsmall.com**; Mo–Sa 10–21.30, So 11–20 Uhr.

## Die Wiege des Outlet Shopping

In **Reading** › S. 67, etwa eine Stunde von Philadelphia entfernt, eröffnete 1971 die VF Corporation das erste Outlet Center der USA. Heute gibt es hier 300 Fabrikverkäufe, die besonders attraktiv sind, da in Pennsylvania keine Steuern auf Kleidung und Schuhe erhoben werden. Infos u.a. über alle Outlet-Läden der Stadt:

■ **Reading and Berks County Visitors Bureau, 352 Penn St., Reading, Pennsylvania, Tel. (610) 375-4085, www.readingberkspa.com**

■ Eine Auflistung der Steuersätze der Bundesstaaten findet man auf der Website der Federation of Tax Administrators unter **www.taxadmin.org/fta/rate/sales.html.**

## Die Sales Tax

Angenommen, Sie kaufen eine Jeans für 40 US-$. Wenn Sie diese Hose in New Hampshire zur Kasse bringen, zahlen Sie tatsächlich 40 US-$, in Rhode Island hingegen stehen plötzlich zusätzlich 7 % Sales Tax auf dem Kassenbon. Diese Sales Tax ist selbst für Amerikaner ein Buch mit sieben Siegeln. Nicht nur, dass jedes Bundesland einen anderen Steuersatz hat, es gibt auch noch Unterschiede bei der Besteuerung von Kleidung, Lebensmitteln oder Medikamenten. Kommunen dürfen wiederum noch zusätzliche Steuern erheben, in unmittelbarer Nachbarschaft zu Bundesstaaten mit niedrigeren Steuersätzen gibt es oft eine Befreiung von der Sales Tax. Im Shopping-Paradies New York City werden z.B. zusätzlich zu den 4 % Sales Tax des Staates noch bis zu 4,375 % städtische Steuern fällig, bei Kleidung und Schuhen jedoch erst ab einem Artikelpreis von mehr als 110 $ – die Nähe zu New Jersey, wo Kleidung steuerfrei ist, sorgte für Druck.

### Marken und Malls

Diese Geschäfte sollten Sie sich in Outlet Malls nicht entgehen lassen: **Last Call Neiman Marcus** – bekanntes Designer-Kaufhaus; **JCPenney Outlet Store** – Versandhausware; **Off 5th Avenue** – Designermode, nur im Outlet-Verkauf erschwinglich; **The Gap** und **Banana Republic** – hochwertige T-Shirts, Pullover und Freizeitsachen für jedes Alter; **Limited Too** – Outlet-Ableger von The Limited; **Oshkosh B'Gosh** – strapazierfähige Kindermode; **Tommy Hilfiger Company Store** – Sportliches; **Levi's** – der Jeansklassiker.

Wenn Sie sich in der Nähe befinden, sollten Sie diese Malls nicht verpassen:

■ **Franklin Mills Outlet Center, 1455 Franklin Mills Circle, Philadelphia, Pennsylvania, Tel. (215) 632-1500, www.franklinmills.com;** Mo–Sa 10–21.30, So 11–19 Uhr. 200 Geschäfte!

■ **Orlando Premium Outlets, 8200 Vineland Ave., Orlando, Florida, Tel. (407) 238-7787, www.premiumoutlets.com;** Mo–Sa 10–22, So 10–21 Uhr. Nahe Walt Disney World.

# Unterwegs im Osten der USA

**Entdecken Sie die einzelnen Reiseregionen – jeweils mit den schönsten Touren, allem Sehens- und Erlebenswerten, Hotel-, Restaurant-, Nightlife- und Shoppingtipps**

# Die Ostküstenmetropolen

## Nicht verpassen!

- Ein Ausblick vom Empire State Building auf New York und weit darüber hinaus
- Ein Besuch der Unabhängigkeitsglocke Liberty Bell in Philadelphia
- Ein Museumsmarathon rund um die Washington Mall
- Einmal die Tüten vollpacken in Reading, der angeblichen Geburtsstätte des Outlet Shopping
- In Atlantic City mindestens einmal beim Roulette einen Dollar auf die Lieblingszahl setzen

Karte Seite 55

# Zur Orientierung

Willkommen in Megalopolis! Gemeint ist in diesem Falle die Ostküstenregion, die von New York City im Norden bis nach Richmond/Virginia im Süden reicht. Denn das Städteband, an dem sich die Metropolitan Areas New York, Philadelphia und Washington-Baltimore aufreihen, sprengt jegliche Dimensionen.

Unbestrittener Star in diesem Städtetrio ist New York City, mit mehr als 8 Mio. Einwohnern die größte Metropole der USA, die den Besucher mit einer multikulturellen Atmosphäre begeistert. New York ist in jeder Beziehung eine Weltstadt, natürlich auch, was die Weltklassesehenswürdigkeiten wie Freiheitsstatue, Empire State Building oder Brooklyn Bridge betrifft, ganz zu schweigen von den herausragenden Museen. Kein Wunder, dass der »Big Apple« für viele die spannendste Metropole weltweit ist.

Nach amerikanischen Verhältnissen gleich nebenan fungiert Philadelphia als Gedächtnis und Gewissen des 300-Millionen-Einwohner-Landes. Hier wurde die Unabhängigkeitserklärung verkündet, hier wurde die Verfassung der USA beschlossen. Wer den Kult, der im Independence National Historic Park um die Ereignisse des 18. Jhs. getrieben wird, zu verstehen versucht, wirft einen tiefen Blick in die Seele des amerikanischen Volkes.

New York City – Brooklyn Bridge und Empire State Building

Über dessen Schicksal – und auch weit darüber hinaus – wird weiter südlich in der Hauptstadt der Vereinigten Staaten entschieden. Es ist nicht vermessen, Washington D.C. als Zentrum der Weltmacht zu bezeichnen. Denn im Weißen Haus residiert mit dem US-Präsidenten die wohl einflussreichste Einzelperson der Welt. Dieser als Zaungast so nah zu sein, sorgt für ein eigenartiges Gefühl. Darüber hinaus hat aber Washington noch mehr zu bieten, wie die großartigen Museen, die sich rund um die »Mall« bis zum Kapitol versammeln.

Aber im zentralen Osten der USA findet man nicht nur Weltstadtflair. Von Philadelphia aus reicht eine kurze Autofahrt, um in der Region um Lancaster in einer komplett anderen Welt anzukommen, jener der Amish People. Die technikfeindlichen Landbewohner pflegen bis heute Traditionen, die Besuchern seltsam vorkommen mögen. Selbst in diesem am dichtesten besiedelten Teil der USA sind es außerdem relativ kurze Distanzen bis in unberührt wirkende Naturlandschaften wie den Shenondoah National Park.

Zudem bietet die Region Einblicke in die Hoch- und Tiefpunkte der US-Geschichte: Williamsburg belebt die Kolonialzeit wieder, während in der einstigen Südstaatenhauptstadt Richmond an den (verlorenen) Bürgerkrieg erinnert wird. Nicht zu vergessen: Wie es sich für eine Küstenregion gehört, laden immer wieder Strände dazu ein, das Besichtigungsprogramm für einige Stunden oder Tage zu unterbrechen. Und wer weiß: Vielleicht wartet ja auf Sie im einst mondänen Badeort und heutigen Spielerparadies Atlantic City der Jackpot!

## Touren in der Region

### City-Hopping

**(6) New York › Philadelphia › Washington**

**Länge:** 9 Tage/380 km
**Praktische Hinweise:** Zugtickets müssen in den USA im Voraus gekauft werden (Reservierungspflicht, Eisenbahngesellschaft Amtrak: 800-USA-RAIL bzw. 800/872-7245, www.amtrak.com). Der Aufpreis für die Erste-Klasse-Wagen oder für Schnellzüge lohnt angesichts der kurzen Strecken nicht. Bei einigen Verbindungen besteht die Möglichkeit, Gepäck vor der Abfahrt einzuchecken.

Warum immer fliegen? Zwischen den Metropolen des Ostens gibt es ein ausgezeichnetes Bahnnetz. Da die Züge dutzende Male am Tag fahren, ist die Flexibilität groß. Es liegt in der Hand des Reisenden, wie viel Zeit er sich für die einzelnen Städte nimmt. Mindestens drei Tage pro Stadt sollten es aber schon sein.

Los geht es in ***New York › S. 56, in Manhattan. Die Züge starten an der Pennsylvania Station in der 34th Street, und damit nicht weit entfernt von den wichtigsten Sehenswürdigkeiten in Midtown, wie Empire State Building, Times Square, Rockefeller Center oder Central Park, sowie von den bedeutenden Museen.

Mit dem Regionalzug ist man in eineinhalb Stunden in der Innenstadt von **Philadelphia › S. 65. Von der Station an der 30th Street fährt die U-Bahn ins touristische und historische Herz der Stadt an der 6th Street, wo der Independence National Historic Park Amerikas Unabhängigkeit glorifiziert.

Die Strecke von Philadelphia nach **Washington › S. 69 – wo die Fahrt in der Union Station endet – dauert mit dem Regionalzug etwa zwei Stunden. Der aufwendig restaurierte Bahnhof ist eine Sehenswürdigkeit für sich, unweit davon findet man sich buchstäblich im Zentrum der Macht wieder. Das Kapitol ist nur einige Schritte entfernt. An der anschließenden National Mall müssen Museumsfreunde aufpassen, dass sie sich nicht zwischen Weltklasse-Ausstellungen verlieren, denn natürlich hat Washington viel, viel mehr zu bieten: vom Weißen Haus bis zum Lincoln Memorial, vom National Monument bis zur Library of Congress.

Karte Seite 55

Start zum City-Hopping per Bahn in New York, Pennsylvania Station

## Amerikas Gründerväter

**⑦ New York › Philadelphia › Annapolis › Washington › Richmond › Williamsburg › Virginia Beach › Ocean City › Atlantic City › New York**

**Länge:** 10 Tage/1350 km
**Praktische Hinweise:** Den Mietwagen bucht man praktischerweise erst für die Zeit nach dem New-York-Aufenthalt. In den Großstädten Philadelphia und Washington kann man auf das Auto auch verzichten und es auf Dauerparkplätzen (z.B. am Hotel) abstellen. In Atlantic City locken die Kasino-Hotels oft mit unglaublichen Zimmerangeboten. Die Sache hat keinen Haken, außer diesem: Man soll natürlich zum Spielen animiert werden.

Bei dieser Tour, für die etwa 10 Tage zu veranschlagen sind, erlebt man die Metropolen New York, Philadelphia und Washington, macht einen Ausflug zurück in die Zeit der Gründerväter, relaxt am Strand und kann dem Glücksspiel frönen.

Von ***__New York__ › S. 56 aus geht es durch New Jersey zunächst nach **__Philadelphia__ › S. 65, dann über Marylands noch kolonial geprägte Hauptstadt **Annapolis** › S. 74 nach **__Washington__ › S. 69. Das nächste Ziel heißt Virginias Hauptstadt **Richmond** › S. 75 mit Zeugnissen konföderierter Vergangenheit.

In **Williamsburg** › S. 75 lassen Schauspieler im historischen Stadtzentrum täglich die Kolonialzeit hochleben. Anschließend besteht im lebhaften **Virginia Beach** die Möglichkeit, einen Strandtag einzulegen. Durch den 37 Kilometer langen Chesapeake

Amish bei der traditionellen Bodenbearbeitung im Dutch Country

Bay Bridge-Tunnel, eine der größten Tunnelbauten der Welt, gelangt man auf die **Delmarva Peninsula.** Die 300 Kilometer lange Halbinsel mit ihren familienfreundlichen Stränden hat den indianisch klingenden Namen von den drei US-Staaten Delaware, Maryland und Virginia (Del-Mar-Va). Bademöglichkeiten bestehen beispielsweise in und um **Ocean City**.

Von Lewes aus geht's mit der Fähre nach Cape May und von dort zurück nach New York. Auf dem Weg wartet noch **Atlantic City** › S. 68 mit seinen Kasino-Megabauten auf Glücksritter und Strandurlauber.

## Durch den Shenandoah National Park

**(8) Philadelphia › Lancaster › Gettysburg › Shenandoah National Park › Waynesboro › Washington › Annapolis › Philadelphia**

**Länge:** 5 Tage/1055 km
**Praktische Hinweise:** In Lancaster/Dutch Country sollte man berücksichtigen, dass man sich nicht in einem Museumsdorf befindet, sondern dass hier die Amish People bis heute ihren Glauben pflegen. Nicht bei jedem vermeintlich idyllischen Foto ist also die Kamera zu zücken.

Selbst in der am dichtesten besiedelten Region der USA sind es mit dem Auto kaum mehr als 60 Minuten, um der Stadthektik zu entfliehen. Die Fahrt durch das idyllische Dutch Country und den spektakulären Shenandoah National Park lässt vergessen, dass man sich nicht allzuweit von der Bundeshauptstadt weg befindet.

Von ****Philadelphia** › S. 65 aus führt die Tour ins nahe **Lancaster** › S. 67, die Hauptstadt des Pennsylvania Dutch Country – Heimat der ländlichen, konservativen Glaubens- und Lebensgemeinschaft der Amish People.

In der Nähe der Kleinstadt **Gettysburg** tobte im Juli 1863 eine der blutigsten Schlachten zwischen Nord- und Südstaaten, im National Military Park wird das Gedenken an die schrecklichen Ereignisse gepflegt.

Karte Seite 55

Über das Städtchen Front Royal gelangt man in den **Shenandoah National Park**. Die Fahrt über den 172 km langen **Skyline Drive** nach Waynesboro entlang des Bergrückens der Blue Ridge Mountains und begleitet von herrlichen Blicken auf das Shenandoah Valley, ist zu jeder Jahreszeit spektakulär. Wer nach Shenandoah, übersetzt »Tochter der Sterne«, Lust hat auf noch mehr Landschaftserlebnis, setzt in **Waynesboro** die Fahrt auf dem anschließenden **Blue Ridge Parkway** in Richtung Süden fort. In jedem Fall führt die weitere Strecke dieser Tour über ****Washington** › S. 69 und **Annapolis** › S. 74 zurück nach Philadelphia.

6 Tour: City-Hopping New York › Philadelphia › Washington (Eisenbahn)

7 Tour: Amerikas Gründerväter New York › Philadelphia › Annapolis › Washington › Richmond › Williamsburg › Virginia Beach › Ocean City › Atlantic City › New York

8 Tour: Durch den Shenandoah National Park Philadelphia › Lancaster › Gettysburg › Shenandoah National Park › Waynesboro › Washington › Annapolis › Philadelphia

# Unterwegs in der Region

## ***New York City 1

Wall Street und Wolkenkratzer, Broadway und Brooklyn Bridge, Freiheitsstatue und Fifth Avenue – wohl keine andere Stadt weckt so viele Assoziationen wie New York, der Inbegriff der Neuen Welt. Nach ein paar Tagen im »Big Apple« liebt man die Stadt abgöttisch – oder schwört sich, nie wieder einen Fuß in diese Metropolis zu setzen.

Als erster Europäer, der einen Fuß auf die Halbinsel setzte, gilt der Brite Henry Hudson, der 1609 den später nach ihm benannten Hudson River hinaufsegelte. 1626 kaufte der Gouverneur von »Nieuw Amsterdam«, Peter Minuit, den Indianern Manhattan für ein paar Glasperlen ab. 1664 übergab Gouverneur Peter Stuyvesant die Stadt kampflos den Engländern, die sie nach dem Herzog von York umbenannten und bis zum Ende des Unabhängigkeitskrieges (1776 bis 1783) besetzt hielten. Bereits im frühen 19. Jh. galt New York in der Alten Welt als Tor zum »Land der unbegrenzten Möglichkeiten«. In der zweiten Hälfte des 20. Jhs. erlebte der »Big Apple« einen Niedergang, um daraus nur umso gestärkter hervorzugehen. Selbst die Terroranschläge vom 11. September 2001 unterbrachen den Aufschwung nur kurzzeitig.

### Liberty und Ellis Island

Wer seine Tour an der Südspitze Manhattans beginnt, erhält einen eher untypischen ersten Eindruck von der Stadt. Im **Battery Park** Ⓐ ist nichts zu spüren von der Hektik und dem Trubel der Großstadt. Stattdessen sitzen hier Banker aus dem nahen Finanzviertel und essen mit spitzen Fingern einen Hot Dog, haben Rentner ihre Schachbretter aufgeklappt und warten auf Zufallsspielpartner.

1 An der Fähranlegestelle starten die Schiffe zur ****Statue of Liberty** auf **Liberty Island** und zur Einwandererinsel Ellis Island. Die 46 m hohe, auf einem riesigen Sockel stehende Freiheitsstatue war ein Geschenk Frankreichs und galt als Ausdruck der gemeinsamen Freiheitsliebe. Vom Elsässer Bildhauer Frédéric Auguste Bartholdi geschaffen, traf die Statue 1885 in Einzelteilen in 200 Kisten verpackt im New Yorker Hafen ein (tgl. 9–17 Uhr, Reservierung: Tel. 877/523-9849, www.statuecruises.com; Tagestickets an Fährschaltern im Castle Clinton National Monument im Battery Park/Manhattan oder in New Jersey, 12 $).

Der Anblick der Freiheitsstatue war die erste Impression der Einwanderer von der Neuen Welt. Der zweite Eindruck war weniger erhaben, wie ein Besuch des

Karte Seite 58

Liberty Island mit der Freiheitsstatue vor der Skyline von Manhattan

****Immigration Museum** in der einstigen Kontrollstation auf **Ellis Island** zeigt. Eine Tour führt die Besucher, wie einst die über 16 Mio. Immigranten, durch den Gepäckraum in eine Riesenhalle, in der die Neuankömmlinge ängstlich darauf warteten, ob ihnen der Zutritt ins vermeintlich gelobte Land gestattet würde (www.ellisisland.com).

cht gut!

Die schönste **Hafenrundfahrt** in New York ist übrigens gratis: einfach mit der Staten Island Ferry eine Hin- und Rückfahrt unternehmen (Whitehall Ferry Terminal, an der Südspitze Manhattans, Tel. 718/876-8441, www.siferry.com; 24-Std.-Betrieb).

## Lower Manhattan

Zurück in Manhattan wartet die Ikone jener, die es im »Land der unbegrenzten Möglichkeiten« geschafft haben: Wer Wall Street sagt, meint die **New York Stock Exchange** Ⓑ. Das 1903 erbaute Heiligtum des Aktienmarktes ähnelt einem Tempel, dessen mächtige Säulen 2007/08 durch die Finanzkrise allerdings gehörig ins Wackeln gekommen sind.

Mehr als 30 Jahre lang dominierten die beiden stahlglitzernden Türme des World Trade Center die Skyline von New York. Ein halber Vormittag reichte, um am 11. September 2001 nach einem zuvor nie für möglich gehaltenen Terrorakt die Twin Towers in sich zusammenfallen zu lassen. Wo einst die beiden je 411 m hohen Türme in den Himmel ragten, befindet sich jetzt **Ground Zero** Ⓒ, ein fünf Stockwerke tiefes, einen kompletten Straßenblock umfassendes Loch. An seiner Stelle entsteht nach jahrelangen Querelen

Harlem
West 86th St.
Henry Hudson Pkwy.
West End Ave.
Broadway
Avenue
Avenue
West 79th St.
Central Park
Central Park West
West 72nd St.
West
Amsterdam
Columbus
Central Park Sth.
West 57th St.
East 88th St.
East 86th St.
Avenue
Avenue
Avenue
Avenue
Avenue
East 79th St.
UPPER EAST SIDE
East 72nd St.
East 66th St.
Fifth
Park
Third
First
York
East 60th St.
Bloomingdale's
East 57th St.
Franklin D. Roosevelt Drive
Roosevelt Island
Queensboro Bridge
34th Ave.
Vernon
Street
36th Ave.
QUEENS
40th Ave.
21st
44th Ave.
Boulevard
East 54th St.
Avenue of the Americas
East 50th St.
West 50th St.
Avenue
Avenue
Avenue
Avenue
MANHATTAN
United Nations Headquarters
East 42nd St.
West 42nd St.
Highway
West Side
West 38th St.
East 38th St.
South
Macy's
West 34th St.
East 34th St.
Broadway
East 28th St.
Avenue
Avenue
West 28th St.
Eleventh
Ninth
Eighth
Seventh
East River
West 23rd St.
East 23rd St.
Tenth
CHELSEA
Americans
Avenue
Park
Third
Avenue
MEAT PACKING DISTRICT
West 14th St.
East 14th St.
Hudson
Fourth Ave.
Fifth
East 10th St.
First
Ave. A
Ave. C
Hudson River
West
GREENWICH VILLAGE
the
of
West 3rd St.
East 3rd St.
Houston St.
East Houston St.
Street
West
SOHO
Avenue
Broadway
Mulberry
Allen
Williamsburg Bridge
LOWER EAST SIDE
Street
Broadway
Canal
Grand St.
LITTLE ITALY
Bowery
St.
TRIBECA
Highway
West
Street
West
Broadway
CHINA-TOWN
East
Chambers St.
Row
Manhattan Bridge
Side
Park
Street
Brooklyn Bridge
Highway
Esplanade
BROOKLYN
Henry St.
Elevated
New York
0
1 Meile
0
1 Kilometer
Water
Battery Park
Statue of Liberty, Ellis Island
BROOKLYN HEIGHTS
Joralemon St.
Brooklyn Queens Expressway
A
B
C
D
E
F
G
H
I
J
K
L
M
N
O
P
Q

Karte Seite 58

nun ein Wolkenkratzerensemble, dominiert vom 1776 Fuß (eine Anspielung auf das Jahr der amerikanischen Unabhängigkeit) bzw. 541 m hohen Freedom Tower.

**!** Rund um Ground Zero bieten unzählige Tourguides – darunter leider auch recht viele unseriöse – Führungen durch das Areal an. Winken Sie ab und besuchen das **Tribute World Trade Center** südlich der Baustelle. Dieses wurde von einer Angehörigenorganisation der 9-11-Opfer gegründet und veranstaltet authentische Touren (120 Liberty St., www.tributewtc.org).

Die vier Türme des ***World Financial Center** Ⓓ haben die Anschläge relativ unbeschadet überstanden. »Business as usual« ist hier wieder die Devise, und in der Mittagspause genießt man den Spaziergang über die **Esplanade,** den einzigen Weg Manhattans direkt am Wasser entlang.

Als Oase inmitten der hektischen Stadt fungiert die am Broadway gelegene **St. Paul's Chapel** Ⓔ. 1766 vollendet, ist sie die älteste Kirche Manhattans.

Ein Beinahenachbar des altehrwürdigen Gotteshauses ist die »Cathedral of Commerce«, wie das **Woolworth Building** Ⓕ im Volksmund auch genannt wird. Von seiner Eröffnung im Jahr 1913 bis 1930 gab es in New York City kein höheres Gebäude als diesen 240-Meter-Wolkenkratzer mit seiner sich verjüngenden Pyramidenspitze und den neogotischen Verzierungen.

Wer noch einen fantastischen Ausblick auf die Skyline Manhattans genießen will, sollte einen Spaziergang über das Wunderwerk der Brückenbaukunst, die ****Brooklyn Bridge** Ⓖ, machen. An deren Ende wartet eine Überraschung: Das Gebiet **Dumbo** Ⓗ – kurz für *District under Manhattan Bridge Overpass* – entwickelt sich zu einem absoluten In-Viertel mit Galerien, tollen Bars sowie Theatern und Kleinkunst.

Schon auf dem Broadway kündigt die Häufung chinesischer Schriftzeichen an, dass ***Chinatown** nicht mehr fern ist. Zwischen 70 000 und 150 000 Einwanderer – so genau weiß das niemand – und deren Nachkommen aus China, Taiwan und Hongkong leben in der Enklave rund um die Canal Street und sorgen für ein ständiges Gewusel auf den Straßen. Über **Little Italy** mit teils noch authentischem italienischem Flair gelangt man nach ***SoHo** – kurz für *South of Houston (Street)*. Das Viertel ist Zeuge einer Ära, als Ingenieure in

- Ⓐ Battery Park
- Ⓑ New York Stock Exchange
- Ⓒ Ground Zero
- Ⓓ World Financial Center
- Ⓔ St. Paul's Chapel
- Ⓕ Woolworth Building
- Ⓖ Brooklyn Bridge
- Ⓗ Dumbo
- Ⓘ Washington Square Park
- Ⓙ Meatpacking District
- Ⓚ Empire State Building
- Ⓛ Times Square
- Ⓜ Chrysler Building
- Ⓝ Rockefeller Center
- Ⓞ Museum of Modern Art
- Ⓟ Metropolitan Museum of Art
- Ⓠ Solomon R. Guggenheim Museum

Karte Seite 58


New York auf Gusseisen als beinahe unverwüstliches Baumaterial schworen. Heute befinden sich Galerien, flippige Geschäfte und ausgefallene Restaurants in den alten Fabriken.

Echt gut!

Beinahe nahtlos geht SoHo in ***Greenwich Village** über, ein fast kleinstädtisch anmutendes Viertel, bekannt für seine verwinkelten Straßen, als Treffpunkt der Bohemiens und Intellektuellen und für seine Bars und Kneipen. Der **Washington Square Park** I im Herzen des Village war einst Zentrum der Hippie-Bewegung und ist jetzt Hangout einer bunten Mischung an Leuten. Wer angesichts des Namens eine betuliche grüne Oase erwartet, wird allerdings enttäuscht.

In Richtung Hudson River, zwischen Greenwich Village und Chelsea, hat sich das ehemalige Schlachthausviertel **Meatpacking District** J in den letzten Jahren vom Künstlerrefugium zu einem In-Quartier gewandelt, haben sich Galerien, schicke Boutiquen und hippe Clubs angesiedelt.

Im Washington Square Park

## Midtown

Mit seinen 381 m ist das ****Empire State Building** K nach dem 11. September 2001 wieder das höchste Gebäude der Stadt. Als es 1930 mitten in der Weltwirtschaftskrise eröffnet wurde, hatte es schnell seinen Ruf als »achtes Weltwunder« weg. Die jährlich 3 Mio. Besucher der **Aussichtsterrassen** im 86. Stock kommen durch eine imposante Lobby im Art-déco-Stil und haben wegen der langen Warteschlangen mehr als genug Zeit, die Wandmalereien zu bewundern. Für ihre Geduld werden sie jedoch mit einem faszinierenden Ausblick belohnt (www.esbnyc.com; Aussichtsterrasse tgl. mind. 9.30–24, im Sommer bis 2 Uhr; Tickets 19 $).

Vom Empire State Building aus ist der **Times Square** L, das Zentrum des Theaterviertels, nicht zu übersehen. Ein Abstecher in dieses lichtüberflutete Zentrum von Midtown lohnt besonders abends. Über einen Mangel an Glanz kann man sich beim ***Chrysler Building** M nicht beklagen. Die eigenwillige Architektur mit dem glitzernden Stahlturm hat das Gebäude berühmt gemacht.

Fast hat man in der riesigen Anlage des **Rockefeller Center** N mit Büros und Geschäften, Restaurants und Unterhaltungspalästen das Gefühl, nicht mehr in Manhattan zu sein. Kernstück der Anlage ist die Sunken oder Lower Plaza, eine Oase der Ruhe. Die Aussichtsplattform **Top of the Rock** im 70. Stockwerk bietet einen fantastischen Panoramablick

Echt gut!

Das Solomon R. Guggenheim Museum

über die Stadt – und ist längst nicht so überlaufen wie das Empire State Building (www.topoftherocknyc.com; tgl. 8.30 Uhr bis Mitternacht).

Auch das ****Museum of Modern Art** Ⓞ ist untrennbar mit dem Namen Rockefeller verbunden. Der Multimillionär war wichtiger Mäzen des Museums, in dem herausragende Kunst des 19. und 20. Jhs. von Cézanne bis Warhol zu bestaunen ist. Trotz Erweiterung kann das MoMA nur einen Teil seiner 150 000 Gemälde, Zeichnungen, Drucke, Skulpturen und Designstücke sowie der Foto- und Medienkunstsammlung präsentieren (www.moma.org; Mi–Mo 10.30–17.30, Fr 10.30 bis 20 Uhr; 20 $).

## Uptown

Bevor man sich weitere Museen zu Gemüte führt, bietet sich ein Besuch im ***Central Park** an. Den 4 km langen, aber nur 500 m breiten Streifen gestalteten die Landschaftsarchitekten Frederick Law Olmsted und Calvert Vaux. Am Ostrand liegt das *****Metropolitan Museum of Art** Ⓟ, das über 3 Mio. Exponate besitzt. Nur ein Viertel davon passt in die weitläufigen Ausstellungshallen, das Spektrum reicht von ägyptischer Kunst (Prunkstück ist der Tempel von Dendur) über griechische, römische, asiatische und islamische Kunst bis hin zu modernen Gemälden und einem Skulpturengarten (www.metmuseum.org; So und Di–Do 9.30–17.30, Fr/Sa 9.30–21 Uhr; 20 $).

Beim ****Solomon R. Guggenheim Museum** Ⓠ sorgt die Architektur für Aufsehen. Frank Lloyd Wright schuf einen runden, sich nach oben erweiternden Bau, der aussieht wie ein auf den Kopf gestelltes Schneckenhaus. Im Innern führt eine spiralförmige

African-American Parade in Harlem

Rampe an Gemälden namhafter Künstler wie Renoir, Cézanne, van Gogh, Chagall, Miró oder Kandinsky vorbei nach oben (www.guggenheim.org; Sa–Mi 10 bis 17.45, Fr 10–19.45 Uhr; 18 $).

## Harlem

Von einem Abstecher nach Harlem wäre noch vor wenigen Jahren jedem Touristen abgeraten worden. Heute ist das Viertel hip, Attraktionen wie das **Apollo-Theater,** in dem die Weltkarriere vieler schwarzer Musiker begann, haben sich auf die neuen Besucher eingestellt und bieten »Historic Tours« an (253 W. 125th St., Tel. 212/531-5300, www.apollotheater.org). Und sonntags kann man mit ein bisschen Glück Zeuge sein, wie bei einem Gospelgottesdienst der Glaube buchstäblich zelebriert wird. Die bekannteste Veranstaltung dieser Art in der **Abyssinian Baptist Church** ist so beliebt, dass man sich Karten besser vorab sichert (132 W. 138th St., www.abyssinian.org).

### Info

■ **NYC & Company**
**810 7th Ave.**
**Tel. (212) 484-1222**
**New York, NY 10019**
**http://nycvisit.com**
Mo–Fr 8.30–18, Sa/So 9–17 Uhr. Filiale am Südende vom City Hall Park am Broadway, Mo–Fr 9–18, Sa/So 10 bis 17 Uhr.

### Verkehr

■ **Flughäfen:** Infos über alle drei New Yorker Flughäfen: www.panynj.gov **John F. Kennedy International Airport** (JFK), 24 km östl. in Queens, Verbindung nach Manhattan mit Linienbus-/U-Bahn-Kombination, NY Airport Service Express Bus (6–23 Uhr, Tel. 718/875-8200) oder Taxi (Pauschaltarif 45 $ plus 10–15 % Trinkgeld). Der JFK-Airtrain fährt für 5 $ zur Bahnstation »Jamaica«. Dort Anschluss an Nahverkehrszüge der »Long Island Railroad« (LIRR, Ziel: Pennsylvania Station) und zur U-Bahn; **Newark International Airport,** 26 km westl., gut erreichbar mit Newark Air Train. Die Fahrt nach Downtown Manhattan dauert ca. 30 Min. (ca. 15 $; Tel. 888/397-4636); viele Inlandsflüge landen auf dem **La Guardia Airport,** 15 km östl., in Queens, von dort mit dem Bus N60 zu verschiedenen U-Bahn-Linien oder mit NY Airport Service (6.40–23.40 Uhr, Tel. 718/875-8200).

■ **Bahnhöfe:** Manhattan hat zwei Großbahnhöfe: **Pennsylvania Station** (7th Ave./W. 33rd St.), **Grand Central Terminal** (Park Ave./E. 42nd–44th Sts., http://grandcentralterminal.com).

■ **Busbahnhof:** Der zentrale **Port Authority Bus Terminal** befindet sich in Manhattan zwischen 8th und 9th Aves.

und 40th bis 42nd Sts. (Tel. 212/564-8484, www.panynj.gov).

■ Stadtverkehr: Gut 30 Subway-Strecken und 200 Buslinien, betrieben von der **Metropolitan Transport Authority**; Infos unter www.mta.info

## Hotels

■ Four Seasons
**57 E. 57th St., Tel. (212) 758-5700**
**www.fourseasons.com/newyorkfs**
Luxus pur! Selbst im 52. Stock des **Hotelbaus von Stararchitekt I. M. Pei** haben einige der Zimmer noch eine kleine Terrasse. ●●●

Echt gut!

■ Paramount
**235 W. 46th St.**
**Tel. (212) 764-5500**
**www.nycparamount.com**
Inzwischen ebenso berüchtigt für seine winzigen Zimmer wie berühmt für sein perfektes Design. ●●●

■ Waldorf-Astoria
**301 Park Ave.**
**Tel. (212) 355-3000**
**www.waldorf.com**
Eines der berühmtesten Hotels der Welt, versprüht den Art-déco-Charme der guten alten Zeit. Angesichts der Preise wird es aber wohl für viele eine Sehenswürdigkeit bleiben. ●●●

■ Marriott at the Brooklyn Bridge
**333 Adams St.**
**Tel. (718) 246-7000**
**www.marriott.com**
Zwar ist man in diesem Hotel nur ein paar U-Bahn-Stationen von Manhattan entfernt, aber preislich und atmosphärisch schon in einer anderen Welt – in Brooklyn. ●●

■ Washington Square Hotel
**103 Waverly Place**
**Tel. (212) 777-9515**
**www.wshotel.com**
Beliebt wegen seiner fantastischen Lage mitten in Greenwich Village. Freundlich anmutende Zimmer, üppiges Frühstück inklusive. ●●

■ The Gershwin
**7 E. 27th St.**
**Tel (212) 545-8000**
**www.gershwinhotel.com**
Doch, auch in New York gibt es spottbillige Herbergen, die dazu auch noch außergewöhnlich sind. Im Gershwin gibt es sowohl 10-Bett-Schlafräume als auch »normale« Zweibettzimmer. ●

## New Yorker Delis

Echt gut!

Ein Besuch in einem der traditionsreichen Delis, kurz für Delicatessen, dient nicht nur der Nahrungsaufnahme, sondern ist auch ein kleiner Ausflug in die Geschichte:

■ Katz's Delicatessen, eine Berühmtheit nicht erst seit dem Gefühlsausbruch von Meg Ryan in »Harry und Sally« **(205 E. Houston St., Tel. 254-2246, www.katzdeli.com).**

■ Carnegie Deli, seit mehr als 70 Jahren ein Begriff, Stammgast Woody Allen **(854 7th Ave., Tel. 757-2245, www.carnegiedeli.com).**

■ Artie's Delicatessen, legendär wegen seiner Pastrami nach Geheimrezept **(2290 Broadway, Tel. 579-5959, www.arties.com).**

■ Stage Deli, ein beliebter Hangout für Theaterstars und Broadway-Besucher **(834 7th Ave., 245-7850, www.stagedeli.com).**

■ Ben's of Manhattan mit riesigem Verkaufs- und Speiseraum, trotzdem lange Wartezeiten auf einen Tisch **(209 W. 38th St., Tel. 398-2367, www.bensdeli.net).**

Karte Seite 58

Blue Note, die legendäre Jazzkneipe in Greenwich Village

## Restaurants

■ **Daniel**
**Park Ave./60 E. 65th St.**
**Tel. (212) 288-0033**
**www.danielnyc.com**
Das Restaurant von Daniel Boulud wurde unlängst zum besten von 6300 in New York City gewählt. Den Erfolg versilbert der Besitzer nun in der Upper East Side. Auf den Tisch kommt französische Küche. ●●●

■ **Tavern on the Green**
**Central Park West/67th St.**
**Tel. (212) 873-3200**
**www.tavernonthegreen.com**
Im wohl romantischsten Restaurant der Stadt sitzt man unter lichtgeschmückten Bäumen im Park oder in verschiedenen nostalgisch ausstaffierten Räumlichkeiten. Die Menükarte ist umfangreich und variiert saisonal, die Weinauswahl ist erlesen. ●●

■ **Jing Fong**
**Chinatown/20 Elisabeth St.**
**Tel. (212) 964-5256**
Das Dim Sum gehört zu den besten der Stadt, aber die Wartehallen-Atmosphäre mit 900 Plätzen dürfte nicht jedermanns Sache sein. ●

## Nightlife

■ Hochkarätige Opernaufführungen bieten die **Metropolitan Opera Company** und die **New York City Opera** (beide im Lincoln Center, Programm und Karten: **www.lincolncenter.org**), Klassik die **Carnegie Hall** (**57th St./7th Ave., www.carnegiehall.org**).

■ Im **City Center** kommt v.a. moderner Tanz zur Aufführung (**131 W. 55th St., www.citycenter.org**).

■ Popkonzerte finden in der **Radio City Music Hall** (**1260 6th Ave., www.radiocity.com**) statt, Mammutevents im **Madison Square Garden** (**7th Ave., 31st-33rd St., www.thegarden.com**).

■ So legendär wie überlaufen ist das **Blue Note** in Greenwich Village mit Sessions internationaler Jazzgrößen (**131 W. 3rd St., www.bluenotejazz.com**). Echt gut

■ Tickets zum halben Preis für Theater und Musical verkauft am Veranstaltungstag **TKTS** am Times Square (**47th St./Broadway, Filiale South St. Seaport**; keine Kreditkarten)

**!** Hier findet man Kultur- und Veranstaltungstipps und -programme:

■ **New York Times** (Freitagsausgabe)

■ **New York Magazine**
**http://nymag.com**

■ **The New Yorker**
**www.newyorker.com**

■ **Time Out**
**www.timeout.com/newyork**

■ **Village Voice**
**www.villagevoice.com**

## Shopping

»Die« Einkaufsstraße für den praller gefüllten Geldbeutel ist die **Fifth Avenue**, in **SoHo, Tribeca** und **Greenwich Village** findet man interessante Boutiquen und Ausgefallenes.

Karte Seite 55

- Nicht fehlen auf der Shoppingtour darf natürlich **Macy's (W. 34th/ Broadway):** Das größte Kaufhaus der Welt lässt wahrlich keinen Wunsch offen.
- Zum Macy's-Konzern gehört schon längst auch das Nobelkaufhaus **Bloomingdale's (1000 3rd Ave./ 59th St.)**
- Im Kaufhaus **Century 21 (22 Cortlandt St.)** kann man Markenware zu Schnäppchenpreisen ergattern, wenn man Nerven für das Gewusel wie im Räumungsverkauf hat.

## Ausflug: Jersey Gardens

New York ist zwar ein Shopping-Paradies, aber es geht noch besser: Vom zentralen Busbahnhof an der 8th Ave. fahren die Linien 111 und 115 zur nahen **Outlet Mall** Jersey Gardens, der größten des Bundesstaates New Jersey. Von The Gap bis Tommy Hilfiger, von Abercrombie & Fitch bis Ann Taylor sind hier 230 Filialen aller wichtigen Handelsketten unter einem Dach vertreten. Kleidungseinkäufe sind steuerfrei (651 Kapkowski Road, Elizabeth, www.jerseygardens.com; Mo–Sa 10–21, So 11–19 Uhr).

## **Philadelphia 2

Die Stadt am Delaware River mit ihren 1,45 Mio. Einw. wird oft und gerne als »Wiege der Nation« bezeichnet. In der heute sechstgrößten Metropole Amerikas wurde die amerikanische Unabhängigkeitserklärung zu Papier gebracht und die Verfassung des jungen Landes ausgearbeitet. Von 1790 bis 1800 hatte Philadelphia den Status der Landeshauptstadt.

### *Independence National Historical Park

Die Stätten des Unabhängigkeitskampfes sind im National Historical Park im Stadtzentrum zu besichtigen. Als Ausgangspunkt empfiehlt sich das **Visitor Center** (6th/Market Sts., Tel. 800/537-7676, www.independencevisitorcenter.com). Von hier geht man zunächst zur **Carpenters' Hall.** In dem zweistöckigen Ziegelsteingebäude trat 1774 der First National Congress mit Abgesandten von zwölf Kolonien zusammen (320 Chestnut St.; Di–So 10–16 Uhr).

Am **Franklin Court** ehrt Philadelphia seinen einflussreichsten Bürger, Benjamin Franklin (1706 bis 1790). Stahlsäulen kennzeichnen die Stelle, an der sein Heim stand. Ein unterirdisches Museum stellt das Multitalent näher vor (Chestnut St. 3rd/4th Sts.).

Andrew Hamilton, der Architekt des Pennsylvania State House, der heutigen ***Independence Hall,** war eigentlich Anwalt. Das Gebäude mit dem eigenwilligen achteckigen Turm war Sitz der Kolonialverwaltung und Nukleus der Unabhängigkeitsbewegung. Berühmt wurde die Independence Hall durch die Unterzeichnung der Unabhängigkeitserklärung am 4. Juli 1776 und die Ausarbeitung der Verfassung von 1787 (Chestnut St., 5th/6th Sts.).

Lange Zeit beherbergte die Independence Hall das wichtigste Freiheitssymbol Amerikas, die Liberty Bell. Zur 200-Jahr-Feier der Unabhängigkeit 1976 bekam die berühmte Glocke einen eigenen Ehrenplatz: im ***Liberty Bell Center** (Chestnut, 5th/6th Sts.).

Von hier auf der Market Street nach Westen erhebt sich die imposante **City Hall** von 1901, deren Turm eine Satue des Staats-/Stadtgründers William Penn krönt.

Echt gut!

## Kinostadt Philadelphia

Dank einer rührigen städtischen Filmkommission gibt Déjà-vu-Erlebnisse für Kinogänger z.B. hier:

- Rocky Balboa rennt gerne die breiten Treppen zum **Philadelphia Museum of Art** hoch – die Szene ist klassisch für die »Rocky«-Filme.
- Das **Macy's**-Kaufhaus im historischen John-Wanamaker-Building (1300 Market St.) hat unter anderem in »Mannequin«, »Blow-Out – der Tod löscht alle Spuren« und »Twelve Monkeys« große Auftritte.
- Für »Twelve Monkeys« wurden Teile des **Pennsylvania Convention Center** (1101 Arch St.) in einen Flughafen verwandelt. Auch Teile von »Aus nächster Nähe« entstanden im Convention Center.
- Die **City Hall** ist bekannt wegen der Gerichtsverhandlung aus »Philadelphia«. Zu sehen ist das markante Gebäude außerdem in »Twelve Monkeys«, »Blow-Out – der Tod löscht alle Spuren«, »Aus nächster Nähe«, »Prison Song« und »Das Vermächtnis der Tempelritter«.

## Kunstmuseen

Ein kulturelles Highlight ist das 1876 gegründete ***Philadelphia Museum of Art** mit weit über 200 000 Gemälden, Skulpturen und historischen Objekten aus Europa, Asien und den USA. Einen Schwerpunkt bildet die europäische Malerei des 14.–19. Jhs. mit Werken von Rubens bis van Gogh (26th St./Benjamin Franklin Pkwy., www.philamuseum.org; Di–So 10–17, Fr bis 20.45 Uhr).

Das ***Rodin Museum** zeigt die größte Werkschau des Künstlers außerhalb von Paris (22nd St./ Benjamin Franklin Pkwy., www.rodinmuseum.org; Di–So 10 bis 17 Uhr).

### Info

- **Philadelphia Convention & Visitors Bureau**
**1700 Market St.**
**Philadelphia, PA 19103**
**Tel. (215) 636-3300**
**www.pcvb.org**

### Hotels

- **Sheraton Society Hill**
**1 Dock St.**
**Tel. (215) 238-6000**
**www.sheraton.com/societyhill**
Ein Kopfsteinpflasterweg führt zu diesem liebevoll restaurierten Top-Haus der Sheraton-Gruppe nahe den Independence-Attraktionen. ●●–●●●
- **Shippen Way Inn**
**418 Bainbridge St.**
**Tel. (215) 627-7266**
**www.shippenway.com**
Gemütliches, preisgünstiges B & B-Hotel aus dem Jahr 1750 mit nur 9 Zimmern. ●–●●

## Restaurants

■ **Old Original Bookbinder's**
**125 Walnut St., Tel. (215) 925-7027**
Hier gibt es das beste Seafood der Stadt. Aufwendig restauriert, gediegene Atmosphäre. ●●●

■ **Tira Misu**
**528 S. Fifth St., Tel. (215) 925-3335**
Außergewöhnliche Spezialitäten des Italieners sind Gerichte der römischen Juden des 18. Jhs. ●●●

# Ausflug: Reading 3

Reading mit seinen knapp 82 000 Einwohnern wäre wohl auf ewig unscheinbar geblieben, wenn nicht in den ehemaligen Fabriken des ortsansässigen Bekleidungskonzerns VF Corporation (Wrangler, Lee, The North Face) in den 1970er-Jahren das Experiment gestartet worden wäre, erstmals Überproduktionen und Auslaufsortimente zu stark reduzierten Preisen zu verkaufen. Nicht ohne Stolz nennt sich Reading deshalb die »Wiege des Outlet-Shopping« › S. 46. Inzwischen haben sich in Reading zahlreiche weitere **Outlet-Stores und -Malls** angesiedelt (Info: www.readingberkspa.com).

Echt gut!

## Shopping

Das **VF Outlet Village** hat seine Anziehungskraft bis heute nicht verloren.
**801 Hill Ave., Tel. (610) 378-0408, www.vfoutletcenter.com.**
Jan.–9. März Mo–Do 9–17, Fr/Sa 9–21, So 10 bis 17 Uhr, 10. März–Dez. Mo bis Sa 9–21, So 10–18 Uhr.

Am Philadelphia Museum of Art

# Lancaster 4 und Dutch Country

Eine der größten Touristenattraktionen Pennsylvanias ist das Dutch Country, jenes Gebiet, in dem die Amish People noch heute so zu leben versuchen wie vor Hunderten von Jahren. Längst hat die Region mit ihrer Hauptstadt **Lancaster** und Orten wie **Bird-in-Hand** oder **Intercourse** gelernt, von dem Besucherinteresse zu profitieren – auch wenn das ironischerweise dem Lebensziel der strenggläubigen Amish zuwiderläuft. Einen umfassenden Einblick in die Geschichte des Pennsylvania Dutch Country und die Gebräuche seiner Bewohner erhält man im zentralen **Visitors**

**Center.** Am Stadtrand von Lancaster stehen mehrere Amish-Höfe, wie etwa **The Amish Farm & House**: 1955 wurde das rund 200 Jahre alte Anwesen in eine Art Amish-Freilichtmuseum umgewandelt (2395 Covered Bridge Drive, Tel. 717/394-6185, www.amishfarmandhouse.com; auch Touren durch Lancaster County).

### Info

- **Pennsylvania Dutch Visitors Center**
**501 Greenfield Rd.**
**Lancaster, PA 17601**
**Tel. (717) 299-8901**
**www.padutchcountry.com**

### Hotel

- **Silverton Inn & Suites**
**62 Bowman Road, Lancaster**
**Tel. (877) 290-6987**
**www.silverstoneinn.com**
Dieses 250 Jahre alte Haus liegt inmitten einer riesigen Sirupfarm. Luxuriöse Zimmerausstattung. ●●●

## Ausflug: Hershey 5

»Eine Stadt, die auf Schokolade gebaut ist« – so wirbt Hershey, knapp 50 Kilometer von Lancaster entfernt, für sich. Milton S. Hershey (1857–1945), den in den USA jedes Kind wegen seiner süßen Leckereien (u.a. Hershey's Kisses) kennt, träumte davon, den idealen Ort für seine Angestellten zu bauen. Heute dreht sich in Hershey alles um Schokolade. Hauptanziehungspunkt ist **Hershey's Chocolate World,** ein Besucherzentrum mit Geschäften und Restaurants (251 Park Blvd., Tel. 717/534-4900, www.hersheys.com/chocolateworld). Hier startet auch eine kostenlose multimediale Präsentation zur Geschichte der Schokolade. Für den Vergnügungspark **Hersheypark** sollte man reichlich Zeit einplanen.

### Hotel

Wenn es etwas später geworden ist, bietet das **Hotel Hershey** außer einem Zimmer die Chance, im Spa eine Schokoladenbehandlung auszuprobieren (**100 Hotel Rd., Tel. 717/533-2171, www.thehotelhershey.com,** ●●●).

## Atlantic City 6

Machen Sie Ihr Spiel! Atlantic City, die nach Las Vegas größte Zockermetropole Amerikas, bietet eine kuriose Mischung aus Faszination, Sommerfrische und Nervenkitzel. Der Badeort am Atlantik war auf dem absteigenden Ast, als er 1976 die Erlaubnis zum Betreiben von Glücksspielen erhielt. Die am **Boardwalk,** der 8 km langen Holzpromenade, aufgereihten Spielkasinos verstehen es, den jährlich 37 Mio. Gästen auch noch den letzten Dollar aus der Tasche zu ziehen.

Das **Trump Taj Mahal** ist das prunkvollste unter ihnen, selbst wenn im Innern der Riesenspielhölle der Lack längst ab ist (1000 Atlantic Ave., www.trumptaj.com). *Rolling chairs,* Rikschas in Strandkorbform, bringen die meist ältere Kasinokundschaft von diesem Boardwalk-Ende zum

Das Weiße Haus – Symbol der Weltmacht USA

anderen. Dort erwuchs dem Baulöwen Trump Konkurrenz, besonders durch das marmorstrotzende **Caesars** (2100 Pacific Ave., www.harrahs.com). Das Kasino liegt direkt am **Million Dollar Pier,** der 1906 in der Form eines Ozeandampfers erbaut wurde.

**Info**

■ **Greater Atlantic City Convention & Visitors Authority**
2314 Pacific Ave.
Atlantic City, NJ 08401
Tel. (609) 348-7100
www.atlanticcitynj.com

**Hotel**

■ **Courtyard Marriott Atlantic City**
1212 Pacific Ave.
Tel. (609) 345-7070
www.courtyardatlanticcityhotel.com
Wer partout nicht in einem der Kasinohotels absteigen will, kann sich in diesem komfortabel-funktionalen Haus einmieten. Der Boardwalk ist schnell zu erreichen. ●●

**Restaurant**

■ **Knife & Fork Inn**
Atlantic/Pacific Aves.
Tel. (609) 344-1133
www.knifeandforkinn.com
Eine Institution in Atlantic City seit fast 100 Jahren. Angeblich serviert das Seafood-Restaurant die beste Bouillabaisse außerhalb von Marseille. ●●●

## **Washington D.C. 7

1600 Pennsylvania Avenue ist eine Adresse, die es in sich hat. Denn das berühmte Bauwerk, das hier steht, ist ein Sinnbild für weltpolitische Macht: das Weiße Haus, Sitz des US-Präsidenten. Und nicht weit davon entfernt erhebt sich die zweite Schaltzentrale für die Innen- und Außenpolitik der Vereinigten Staaten: das Kapitol, wo der US-Kongress tagt. Dazwischen erstreckt sich die Prachtstraße National Mall.

## 2 Das Kapitol

Etwas erhoben am Beginn der National Mall thront seit dem 19. Jh. das imposante ****United States Capitol** Ⓐ, 229 m lang, 107 m breit und mit mehr als 550 Räumen im Inneren. Durch massive bronzene Türen betritt man die gigantische kreisrunde Lobby mit einem Durchmesser von mehr als 30 m, über die sich die riesige Kuppel spannt, die ein Fresko ziert, in dem man auch George Washington entdeckt (www.aoc.gov; Mo–Sa 9–16.30 Uhr; Gratis-Tickets am Capitol Guide Service Kiosk).

Das US Capitol, Sitz von Senat und Repräsentantenhaus

Bis 1935 war der Oberste Gerichtshof Untermieter des Kapitols. Inzwischen ist der **Supreme Court** Ⓑ in einem von Cass Gilbert entworfenen Marmorbau an der Nordwestseite des Capitol Hill untergebracht.

Aus Platzgründen musste die ***Library of Congress** Ⓒ aus dem Kapitol weichen, der größte Teil in das dahinterliegende Thomas Jefferson Building. Die Bibliothek besitzt die weltgrößte Sammlung an Büchern, Zeitschriften, Broschüren, Fotografien und Karten, die angeblich minütlich um zehn Dokumente wächst (www.loc.gov; Führungen ca. stdl. Mo–Fr 10.30 bis 15.30, Sa bis 14.30 Uhr).

### Museen an der National Mall

Vom Capitol Hill bis zum Potomac River erstreckt sich The Mall, ein weitläufiger Grünstreifen, an dem die bedeutendsten Museen der Stadt liegen. Neun davon gehören zur berühmten **Smithsonian Institution,** deren Hauptsitz seiner mittelalterlichen Architektur wegen **The Castle** Ⓓ genannt wird. Dort befindet sich auch das Smithsonian Information Center (tgl. 9.30–17.30 Uhr; alle Smithsonian unter www.si.edu).

Das populärste Museum der Smithsonian ist das ****National Air and Space Museum** Ⓔ. Vom ersten klapprigen Motorflugzeug der Gebrüder Wright bis hin zum Gestein, das die Besatzung der Apollo 17 vom Mond mitbrachte, ist hier alles geboten, was mit Luft- und Raumfahrt zu tun hat.

Nebenan wurde 2004 das bislang jüngste Juwel in der Museumssammlung der Smithsonian Institution eröffnet: Das ***National Museum of the American Indian (NMAI)** F ist die erste Dauerausstellung in den USA, die ausschließlich den Ureinwohnern des Kontinents gewidmet ist – mit über 8000 Exponaten.

Gegenüber liegt die ****National Gallery of Art** G. Deren umfangreiche Gemäldesammlung wurde auf zwei Komplexe verteilt. Im klassizistischen westlichen Gebäude, entworfen von John Russell Pope, fanden Gemälde von Meistern des 13.–20. Jhs. Platz, im modernen Ostflügel von I. M. Pei werden Werke von europäischen und amerikanischen Künstlern des 20. Jhs. präsentiert (www.nga.gov; Mo–Sa 10–17, So 11–18 Uhr).

Beschaulich geht es in den ***National Archives** H zu. Hier lagern in 21 Stockwerken die wertvollsten Verträge und Urkunden der amerikanischen Geschichte, so etwa die Unabhängigkeitserklärung, die Verfassung der USA, eine Abschrift der Magna Charta von 1297 und die Bill of Rights (Eingang an der Constitution Ave., www.archives.gov; tgl. 9–17 Uhr, Mi–Fr bis 21 Uhr).

Ein ausgestopfter Elefant begrüßt die Besucher im ***National Museum of Natural History** I, im Nebenzimmer hängt ein Blauwal von der Decke, einen Raum weiter lassen sich Dinosaurierskelette bestaunen. Hier wird Erdgeschichte interessant vermittelt.

The Castle, Sitz und Infozentrum der Smithsonian Institution

Die Ausstellung im **National Museum of American History** J nebenan gehört zum Pflichtprogramm jedes Schülers. Anhand von Exponaten aus der Kolonialzeit und Nachbildungen von Räumen des Weißen Hauses wird dem Besucher die amerikanische Geschichte näher gebracht.

## *White House K

Mit öffentlichen Führungen durch das Weiße Haus hat es leider vorläufig ein Ende. Lediglich durch Kongressabgeordnete organisierte Gruppen können derzeit zwölf der insgesamt 123 Räume noch besuchen. Bleibt also, als Zaungast am Eingang das schlossartige, berühmteste politische Gebäude zu bestaunen – mit dem Gefühl, dem mächtigsten Mann der Welt ganz nahe gewesen zu sein. Kleiner Trost: Das **White House Visitor Center** bietet eine umfangreiche Ausstellung zum Thema (1450 Pennsylvania Ave., Tel. 202/208-1631, www.whitehouse.gov; tgl. 7.30–16 Uhr).

## Mahnmale und Monumente

Mit betroffenen Gesichtern kommen die Besucher aus dem ***United States Holocaust Memorial Museum** Ⓛ. Die Aufbereitung der Verfolgung und Ermordung von 6 Mio. Juden, politisch Andersdenkenden und sozial abseits Stehenden geht unter die Haut (www.ushmm.org; tgl. 10–17.30).

Den Beklemmungen, die der Besuch des Holocaust Memorial mit sich bringt, begegnet man am besten mit einem Gang zum **Washington Monument** Ⓜ. Mit dem Bau des 170 m hohen, von den Flaggen der 50 Bundesstaaten umgebenen Obelisken wurde 1848 begonnen, eingeweiht werden konnte das Denkmal erst 1884. Vom Aussichtsdeck hat man einen wunderbaren Blick (www.nps.gov/wamo; tgl. 9 bis mind. 16.45 Uhr, im Sommer bis 21.45 Uhr; Eintrittskarten vorab unter Tel. 800/967-2283, Restkarten am Monument).

Etwas abseits der Museen rund um die Mall beobachtet eine 6 m große, lebensnah wirkende Statue des Bürgerkriegspräsidenten Lincoln am **Lincoln Memorial** Ⓝ die Szenerie. Am Washington Monument vorbei und über die Mall hinweg sieht man von hier direkt hinüber zum Kapitol. Die 36 dorischen Säulen, die dem Marmorbau das Aussehen eines griechischen Tempels geben, stehen für

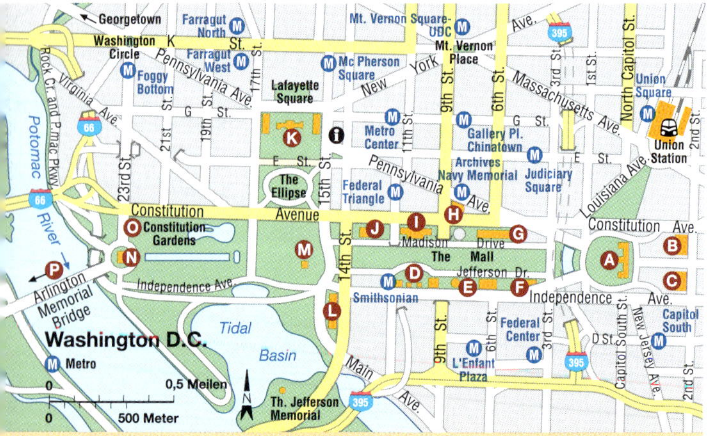


Ⓐ United States Capitol
Ⓑ Supreme Court
Ⓒ Library of Congress
Ⓓ The Castle
Ⓔ National Air and Space Museum
Ⓕ National Museum of the American Indian (NMAI)
Ⓖ National Gallery of Art
Ⓗ National Archives
Ⓘ National Museum of Natural History
Ⓙ National Museum of American History
Ⓚ White House
Ⓛ United States Holocaust Memorial Museum
Ⓜ Washington Monument
Ⓝ Lincoln Memorial
Ⓞ Vietnam Veterans Memorial
Ⓟ Arlington National Cemetery

die 36 Bundesstaaten zu Lincolns Zeiten.

Die beiden riesigen Platten des **Vietnam Veterans Memorial** Ⓞ verfehlen ihre Wirkung nicht. Die Namen von mehr als 58 000 toten oder vermissten Soldaten sind in den schwarzen Granit eingraviert. Noch heute versammeln sich Angehörige und Kameraden, legen Blumen und Geschenke nieder oder pausen die Namen von Opfern ab.

Der berühmteste Friedhof der Vereinigten Staaten, **Arlington National Cemetery** Ⓟ, liegt auf der anderen Seite des Potomac River. Von einer Ruhestätte für die 200 000 dort Bestatteten, darunter Nationalhelden und berühmte Politiker Amerikas, kann kaum die Rede sein. Tag für Tag erlebt der Friedhof und vor allem die Gräber der ermordeten Brüder John F. und Robert Kennedy wahre Besucherströme. Am **Grabmal des Unbekannten Soldaten,** von Paradesoldaten bewacht, ist Wachwechsel zu jeder vollen, im Sommer zu jeder halben Stunde (www.arlingtoncemetery.org).

## Info

■ **Washington D.C. Convention and Tourism Corporation**
**901 7th St. N. W.**
**Washington, D.C. 20001-3719**
**Tel. (800) 422-8644**
**www.washington.org**

■ **White House Visitor Information Center**
**1450 Pennsylvania Ave., 15th/E. Sts.**
**Tel. (202) 208-1631**
Tgl. 7.30–16 Uhr.

Das Lincoln Memorial

## Verkehr

■ **Flughäfen:** **Dulles International Airport,** www.metwashairports.com; 42 km südwestl., alle 45 Min. Shuttle zur U-Bahn-Station West Falls Church (Anschluss an Nahverkehr) durch Washington Flyer, Tel. 888/927-4359; **Baltimore-Washington International Airport,** www.bwiairport.com; 48 km nordöstl., in die Stadt mit Amtrak ab BMW Rail Station (etwa 14 $; per Shuttle an Terminals angebunden); **Ronald Reagan National Airport,** stadtnah südwestl.; sowohl mit U-Bahn als auch Bussen erreichbar.

■ **Bahnhof:** Züge aus den ganzen USA halten in der **Union Station,** einem Amtrak-Knotenpunkt (50 Massachusetts Ave. N.E., Tel. 1-800/872-7245, www.amtrak.com).

■ **Stadtverkehr:** Metrorail und Busse der **WMATA** bedienen die Innenstadt und Außenbezirke (www.wmata.com).

## Hotels

**Four Seasons**
**2800 Pennsylvania Ave.**
**Tel. (202) 342-0444**
**www.fourseasons.com/washington**
Dank der Mitwirkung von Hotelpapst Pierre Yves Rochon kann eines der großzügigen Zimmer schon mal 600 $ pro Nacht kosten. ●●●

**Days Inn Connecticut Avenue**
**4400 Connecticut Ave. N.W.**
**Tel. (202) 244-5600**
**www.daysinn.com**
Mit fünf Sonnen in der höchsten Kategorie der Days-Inn-Kette angesiedelt, dafür erstaunlich preiswert. ●●

**Woodley Park Guest House**
**2647 Woodley Rd. N.W.,**
**Tel. (866) 667-0218**
**www.woodleyparkguesthouse.com**
Gemütliche B & B-Herberge in einem schönen Wohngebiet nordwestlich des Stadtzentrums. ●●

## Restaurants

**Sea Catch Restaurant**
**1054 31st St. N.W.**
**Tel. (202) 337-8855**
Gutes Fischlokal, malerisch am Ufer des Kanals gelegen. ●●●

**Coco Loco**
**810 7th St. N.W.**
**Tel. (202) 289-2626**
Multikulti: Der französische Koch brutzelt mexikanische und brasilianische Gerichte. Verwandelt sich abends in eine heiße Disco. ●●

**Jaleo**
**480 7th St. N.W.**
**Tel. (202) 628-7949**
**www.jaleo.com**
Echt gut! Umfragen und Auszeichnungen zufolge gibt es hier die **besten Tapas.** Beliebt bei Theaterbesuchern. ●●

## Nightlife

Einige hervorragende Restaurants und Lokale liegen rund um die M Street und die Wisconsin Avenue N.W. im atmosphärischen Stadtteil **Georgetown.**

- Zu den zeitlos populären Lokalen in Downtown gehört das **Tortilla Coast** **(400 1st St. S.E.)**, berüchtigt für seine Killer-Margaritas.
- Seinem Namen zum Trotz wird im **Blues Alley** **(1073 Wisconsin Ave. N.W.)** vor allem Mainstream Jazz und Dixieland gespielt.

# Ausflug: Annapolis 8

Obwohl Annapolis beinahe 100 km von der Atlantikküste entfernt liegt, verfügt Marylands kleine Hauptstadt (36 000 Einw.; www.visit-annapolis.org) über einen respektablen Salzwasserhafen – die lang gezogene Chesapeake Bay macht's möglich. Hier ist eine der renommiertesten Ausbildungsstätten der Marine, die 1845 gegründete **US Naval Academy,** angesiedelt. Ein kleines Museum in der Preble Hall dokumentiert die Geschichte der Navy-Schmiede (Eingang King George/Randall Sts., www.usna.edu/museum).

Im Zentrum von Annapolis ist das **Maryland State House** (1772) am State Circle unübersehbar. Kein anderes Parlamentsgebäude Amerikas ist so lange in Benutzung, hier wurde 1784 der Vertrag von Paris unterzeichnet, der den Unabhängigkeitskrieg offiziell beendete (www.msa.md.gov).

## Richmond 9

Richmond, die Hauptstadt Virginias mit ihren fast 200 000 Einwohnern, hat eine wechselvolle Geschichte hinter sich. 1775 wurden in der **St. John's Church** emotionsgeladene Reden für die Unabhängigkeit gehalten, keine 100 Jahre später, im Sezessionskrieg, fungierte Richmond als Hauptstadt der Südstaaten. Natürlich darf hier ein Bürgerkriegsmuseum, das **Museum of the Confederacy**, nicht fehlen (1201 E. Clay St., www.moc.org).

Direkt nebenan befindet sich das **White House of the Confederacy,** in dem der Südstaatenpräsident Jefferson Davis lebte.

Aber Richmond kann nicht nur mit politischer Geschichte aufwarten. 13 Jahre hielt es der ruhelose Edgar Allen Poe hier aus, länger als irgendwo sonst in Amerika. **The Poe Museum/Richmond's Oldest House** würdigt den berühmten Literaten (1914 E. Main St., www.poemuseum.org; Di–Sa 10–17, So 11–17 Uhr). Und das **Virginia Museum of Fine Arts** wartet mit einer sehenswerten Kunstsammlung aus allen Kontinenten und vielen Epochen auf (200 N. Blvd., www.vmfa.state.va.us; Mi–So 11–17 Uhr).

**Info**

■ **Metro Richmond Convention & Visitors Bureau**
550 E. Marshall St.
Richmond, VA 23219
Tel. (804) 783-7450
www.visit.richmond.com

Kuppel der United States Naval Academy in Annapolis

## Williamsburg 10

13 Jahre bevor die Pilgerväter in Plymouth anlegten, gründeten britische Siedler in Jamestown die erste permanente englische Siedlung auf amerikanischem Boden. Jamestown und die Nachbarorte Williamsburg sowie Yorktown bilden, verbunden durch den **Colonial Parkway,** heute ein historisches Dreieck an der Küste Virginias. John D. Rockefeller Jr. kaufte 1926 die alten Kolonialgebäude von Williamsburg und möbelte sie wieder auf. Seitdem ist der historische Ortskern des 12 000-Einwohner-Städtchens als ***Colonial Williamsburg** bekannt. Touren beginnen im Visitor Center (tgl. 9–17 Uhr, im Winter kürzer).

**Info**

■ **Williamsburg Area Convention & Visitors Bureau**
421 North Boundary St.
Williamsburg, VA 23185
Tel. (800) 211-7165
www.visitwilliamsburg.com

# Die Neuenglandstaaten

## Nicht verpassen!

- Ein Hummeressen in Boston – frischer geht's nimmer
- Die tägliche Inszenierung der Boston Tea Party miterleben
- Auf Spuren der Reichen und Promis auf Martha's Vineyard wandeln
- Über den Campus der altehrwürdigen Yale University schlendern
- Im Schaukelstuhl des Red Lion Inn in Stockbridge die Gedanken schweifen lassen

Karte Seite 81

# Zur Orientierung

Neuengland versteht sich als Wiege der Vereinigten Staaten. Hier kamen die Pilgerväter der legendären Mayflower 1620 in der Neuen Welt an, hier entlud sich im 18. Jh. der Volkszorn gegen das Britische Empire in der Boston Tea Party. In Boston kann man sich auf dem Freedom Trail auf den Weg zur Unabhängigkeit der 13 Kolonien machen. Bei aller historischer Bedeutung ist die »Grand Old Lady« aber gleichzeitig eine moderne, vitale Stadt, die man gut zu Fuß erkunden kann.

Sowohl geografisch als auch politisch gehören die sechs Neuenglandstaaten Massachussetts, Rhode Island, Connecticut, Vermont, New Hampshire und Maine natürlich zu den USA. Wer die Region bereist, merkt aber schnell, dass es sich bei dem Bundesstaaten-Sextett um eine eigene Welt handelt. Statt uniformer Vorstadtsiedlungen von Riesenmetropolen dominieren in Neuengland gemütliche Klein(st)städte mit pittoresken Häusern wie auf Cape Cod, den Inseln Nantucket und Martha's Vineyard oder in den Berkshire Hills.

Und die größte Attraktion der Region ist kein Mega-Vergnügungspark, sondern das unvergleichliche Naturspektakel des Indian Summer, bei dem sich das Laub der Bäume im Herbst in ein prächtiges Farbenspiel aus Gelb-, Gold- und Rottönen verwandelt.

## Touren in der Region

### Elite-Uni und Elite-Urlaub

**9 Boston › New Haven › Newport › Hyannis › Martha's Vineyard/Nantucket › Provincetown › Plymouth › Plimoth Plantation › Boston**

**Länge:** 14 Tage/795 km
**Praktische Hinweise:** Den Mietwagen für diese Reise bucht man erst nach der Erkundung von Boston und spart so einige Miettage. Für die Fähren nach Nantucket und Martha's Vineyard ist in der Hauptsaison der Ticketkauf vorab dringend anzuraten, ebenso wie eine rechtzeitige Hotelreservierung auf den Inseln. Fähren der Steamship Authority (www.islandferry.com): Hyannis–Nantucket: Autofähre 2¼ Std., Personenschnellfähre 1 Std.; Autofähre Woods Hole–Vineyard Haven, ¾ Std. Außerdem Personenfähren/-schnellfähren von Hy-Line (www.hy-linecruises.com) zu beiden Inseln ab Hyannis.

Ein landläufiges Vorurteil gegenüber den Neuenglandstaaten ist, dass deren Bewohner besonders arrogant seien. Auf dieser Tour, für die man 10–14 Tage einplanen sollte, kann man erahnen, woher das (falsche) Klischee kommt.

Von **Boston › S. 79 aus führt der Weg zunächst nach **New Haven** › S. 85, das es dank der Elite-Uni Yale zu weltweitem Ruhm gebracht hat. Mondän präsentiert sich **Newport** › S. 84, wo sich schon in den 1850er-Jahren die Reichen des Landes Prunk-Anwesen bauen ließen.

Vom Fährhafen von **Hyannis** auf **Cape Cod** › S. 82 aus erreicht man die beiden Inseln **Nantucket** › S. 83 und **Martha's Vineyard** › S. 84 (zu Letzterer verkehren Autofähren nur ab Woods Hole). Eine Nacht sollte man auf einer der Sommerfrischen der Reichen und Berühmten schon einplanen.

Nach der Rückkehr geht es zum äußersten Zipfel von Cape Cod nach **Provincetown** › S. 82, wo man noch eine Whale Watching Tour machen sollte.

In **Plymouth** werden die »Pilgerväter« zum Thema. Hier gingen 1620 die Passagiere der Mayflower von Bord. Am State Pier liegt die Mayflower II vor Anker, auf dem Schiff erzählen kostümierte Schauspieler von den Strapazen der Überfahrt (Sommer tgl. 9–17 Uhr).

**Plimoth Plantation,** wenig südlich, ist eine Rekonstruktion der Siedlung, die die Mayflower-Passagiere anlegten. Hier spielt das Jahr 1627, zwischen strohgedeckten Häusern treiben bärtige Gestalten Vieh über die Dorfstraße (www.plimoth.org).

Auf dem Highway 3 geht es wieder zurück nach Boston.

## In die Berkshire Hills

**(10) Boston › Providence › Lenox/Stockbridge › Hancock Shaker Village › Boston**

**Länge:** 5 Tage/530 km
**Praktische Hinweise:** Das Zimmerangebot in den Berkshire Hills ist knapp. Eine vorherige Reservierung erspart eine Enttäuschung.

Unzählige Ansichtskarten-Fotomotive verspricht diese Tour in das sanfte Hügelland der Berkshire Hills. Die Route nimmt ihren Ausgangspunkt in **Boston › S. 79, von wo aus zunächst **Providence**, die Hauptstadt Rhode Islands, angepeilt wird. Das Rhode Island State House verfügt über die zweitgrößte selbsttragende Kuppel der Welt, die Benefit Street besitzt mit ihren mehr als hundert prachtvollen Stadthäusern eine in den USA einmalige Ansammlung von Kolonialgebäuden.

Nach und nach ändert sich die Szenerie, bis man sich im Hügelland der **Berkshire Hills mit den Städtchen Lenox und dem bei Ausflüglern besonders beliebten **Stockbridge** › S. 86 mit seinen viktorianischen Villen befindet. In dieser Gegend zeigt sich der Indian Summer besonders farbenprächtig.

Einen Kontrapunkt zur heutigen Zeit setzt das **Hancock Shaker Village › S. 86. Nach dem beeindruckenden Aufenthalt in dieser ehemaligen Quäker-Kolonie führt die Route zurück nach Boston.

Karte Seite 81

# Unterwegs in der Region

## **Boston 1

Wer Chicago oder New York kennt, wird sich zunächst einmal wundern über das vergleichsweise gemächliche Tempo, das in Boston vorherrscht. »Sollen die anderen doch dem Geld hinterherjagen«, scheinen die Geschäftsleute zu denken, die in der Mittagspause entspannt auf einer Bank sitzend die Sonne genießen. Die »große alte Lady« der Ostküste (559 000 Einw.) lässt sich so gut wie wohl keine andere US-Stadt zu Fuß erkunden. Auf Schritt und Tritt begegnet man dabei der Geschichte der USA, deren Kampf um Selbstbestimmung nach der Boston Tea Party von 1773 unaufhaltsam dem Unabhängigkeitskrieg entgegensteuerte.

3 Der mit roten Linien auf dem Bürgersteig gekennzeichnete, insgesamt etwa 5 km lange ***Freedom Trail** verbindet die wichtigsten historischen Stätten des Unabhängigkeitskampfes miteinander. Ausgangspunkt des »Freiheitspfades« ist der Infokiosk an der U-Bahn-Station Boston Common (Tremont/West Sts.). Der Weg führt vorbei an der typisch neuenglischen **Park Street Church** und dem **Old Granary Burying Ground,** wo schlichte Grabplatten die letzten Ruhestätten der Helden des Unabhängigkeitskrieges markieren. Im ***Old Corner Bookstore** trafen sich im 19. Jh. die literarischen Größen Neuenglands. Ein Treffpunkt ganz anderer Art war das **Old South Meeting House,** in dem am 16. Dez. 1773 die Boston Tea Party ihren Anfang nahm: 90 aufgebrachte Bostoner Bürger zogen zum Hafen und gaben ihrer Wut auf die englische Krone Ausdruck – was den Auftakt für den Unabhängigkeitskrieg bildete.

An Bord der **Beaver II.** im **Boston Tea Party Museum** kann man (nach Abschluss der Renovierung

Echt gut!

Für die Besichtigung von Boston folgt man einfach der roten Linie

Nachbau des Boston-Tea-Party-Schiffes von 1773

des Museums im Sommer 2009) die denkwürdigen Ereignisse aus dem Jahr 1773 noch nachspielen (Congress Street Bridge, www.bostonteapartyship.com, März bis Nov. 9–17, sonst bis 18 Uhr).

Zurück auf dem Freedom Trail nähert sich der Rundgang einem Höhepunkt, dem ***Old State House,** von dessen Balkon am 18. Juli 1776 die Unabhängigkeitserklärung verlesen wurde. Das bescheidene Haus mit seinen roten Ziegeln und dem schlanken, weißen Turm bildet einen recht skurrilen Kontrast zu den Wolkenkratzern der Umgebung.

Als eigentliche Wiege der Revolution gilt allerdings die Faneuil Hall, wo Unabhängigkeitskämpfer wie Samuel Adams flammende Reden gegen die englische Krone hielten. Heute entlässt der Freedom Trail die Freiheitswanderer auf den **Faneuil Marketplace,** das muntere Zentrum Bostons, wo von frühmorgens bis spät in die Nacht Gaukler, Einradfahrer, Jongleure und Pflastermaler auf ein paar Touristendollar hoffen. Wem hier der Magen knurrt, der sollte **Quincy Market** ansteuern: Die umgebaute Säulenhalle ist heute ein mehrgeschossiger Einkaufs- und Schlemmerpalast (www.faneuilhallmarketplace.com).

Echt gut!

Das Viertel **Beacon Hill** mit seinen efeubewachsenen Backsteinhäusern ist von jeher die bevorzugte Wohngegend der High Society. Ein Orientierungspunkt im Gassengewirr um die Beacon Street ist der klassizistische Ziegelbau des **State House** mit seiner goldenen Kuppel.

Nördlich davon, am Charles River, bietet das **Boston Museum of Science** Interessantes aus Technik und Natur zum Anfassen (1 Science Park Dam, www.mos.org; tgl. 9–17, Fr 9–21 Uhr, im Sommer länger).

Ein weiteres herausragendes Museum ist das **Boston Museum of Fine Arts** am Fenway Park, das mit seiner umfassenden Sammlung an Bildender Kunst aus den unterschiedlichsten Epochen seit der Antike und von allen Kontinenten weltweites Renommee besitzt (465 Huntington Ave., www.mfa.org; tgl. 10–16.45, Mi–Fr bis 21.45 Uhr).

Karte Seite 81

Die neoromanische **Trinity Church,** die auf dem Copley Square im Schatten des ***John Hancock Tower** steht, bildet einen schönen Kontrast zu dem Riesen aus Chrom und Glas. Ganz in der Nähe befindet sich mit dem **Copley Place** (100 Huntington Ave.) und der angeschlossenen **Prudential Plaza** (800 Boylston St.) ein Paradies für Einkaufsfreunde.

## Info

■ **Greater Boston Convention and Visitors Bureau**
**2 Copley Place, Suite 105**
**Boston, MA 02116-6501**
**Tel. (888) 733-2678**
**www.bostonusa.com**

Visitor Information Centers in der Prudential Plaza und am Boston Common, 148 Tremont St.

## Hotels

■ **Taj Boston**
**15 Airlington St.**
**Tel. (617) 536-5700**
**www.tajhotels.com**
Luxus pur in idealer idyllischer Lage am Public Garden und der Einkaufsmeile Newbury Street; allerdings sehr teuer. ●●●

■ **Midtown Hotel**
**220 Huntington Ave.**
**Tel. (617) 262-1000**
**www.midtownhotel.com**
Zentral gelegenes Hotel mit moderner Ausstattung – auch für Geschäftsreisende; Außenpool, Parken frei. ●●

9 Tour: Elite-Uni und Elite-Urlaub **Boston › New Haven › Newport › Hyannis › Martha's Vineyard/Nantucket › Provincetown › Plymouth › Plimoth Plantation › Boston**

10 Tour: In die Berkshire Hills **Boston › Providence › Lenox/Stockbridge › Hancock Shaker Village › Boston**

### Restaurants

■ **Top of the Hub**
**800 Boylston St.**
**www.topofthehub.net**
**Tel. (617) 536-1775**
Atemberaubender Blick vom 52. Stock des Prudential Tower, solide amerikanische Küche. ●●●

■ **Union Oyster House**
**41 Union St.**
**Tel. (617) 227-2750**
**www.unionoysterhouse.com**
Das älteste Restaurant der Stadt – und angeblich sogar Amerikas – ist bekannt für seine hervorragenden Fisch- und Meeresfrüchte-Spezialitäten. ●●

## Cape Cod 2

Cape Cod ist gar kein Kap, sondern eine etwa 150 Kilometer lange Halbinsel, auf der einst die Walfang-Kapitäne ihr Zuhause hatten. Den prominentesten Cape-Cod-Fan des 20. Jhs. huldigt das **John F. Kennedy Hyannis Museum** multimedial. Voller Stolz wird die Tatsache in Erinnerung gerufen, dass »JFK« in Hyannis auch offiziell die Ernennung zum Präsidentschaftskandidaten der Demokraten annahm (www.jfkhyannismuseum.org; Di–Sa 10 bis 16, So 12–16 Uhr, Sommer tgl. bis 18 Uhr, Jan. geschl.).

Wer es ganz beschaulich mag, ist im **Cape Cod National Seashore** zwischen Hyannis und Provincetown gut aufgehoben. Das Gebiet mit 11 000 ha unberührten Wäldern, Sümpfen und Dünenlandschaften sowie 70 km feinstem Sandstrand ist ein Hort der Ruhe (www.nps.gov/caco).

## Provincetown 3

Das kleine Städtchen Provincetown am Nordende des Kaps rühmt sich damit, dass hier die Pilgerväter erstmals amerikanischen Boden betraten. Zur Erinnerung daran wurde 1910 das **Pilgrim Monument** errichtet. Das angeschlossene **Provincetown Museum** zeigt Harpunen aus der Walfängerzeit und Piratenschätze (High Pole Hill Rd., www.pilgrim-monument.org; tgl. 9–17 Uhr, Juli–Aug. bis 19 Uhr).

Im 20. Jahrhundert war Provincetown beliebter Treffpunkt von Künstlern wie Edward Hopper oder Tennessee Williams, im **Provincetown Playhouse** spielten Marlon Brando und Al Pacino. Heute ist »P-Town« eine Urlauberhochburg und besonders beliebt bei Homosexuellen. Die meisten Läden, Restaurants und Clubs liegen an der Commercial Street.

!! Ab MacMillan and Fisherman's Wharf starten von Frühjahr bis Herbst **Whalewatching-Touren** (Infos: www.ptownchamber.com/whalewatching.html). Echt gut!

### Info

■ **Provincetown Chamber of Commerce**
**307 Commercial St.**
**Provincetown, MA 02657**
**Tel (508) 487-3424**
**www.ptownchamber.com**

### Hotel

■ **Dyer's Beach House Motel**
**171 Commercial St.**

Edward Hoppers Sommerhaus bei Provincetown auf Cape Cod

**Tel. (508) 487-2061**
**www.dyersbeachhouse.com**
Einfaches, aber gemütliches Hotel an der »Unterhaltungsmeile« Commercial St. gelegen, Panoramablick auf den Ozean. ●●

## Nantucket 4

Die Insel Nantucket beweist ihren Besuchern schnell, dass sie mehr ist als ein »Haufen Sand«, wie Moby-Dick-Autor Herman Melville sie einmal respektlos beschrieb. 9000 Menschen leben auf dem 22,5 km langen und 6 km breiten und tatsächlich ziemlich sandigen Eiland. Im Sommer versechsfacht sich die Bevölkerung zeitweise, wenn es Touristen an die 130 km Sandstrände zieht.

Im **Whaling Museum** im Ort Nantucket ist das Logbuch der Essex, die im Pazifik von einem Wal gerammt wurde, zu sehen – was Melville zu »Moby Dick« inspirierte (Broad St., www.nha.org; im Sommer tgl. 10–17 Uhr).

### Info

■ **Nantucket Chamber of Commerce**
**Zero Main St.**
**Nantucket, MA 02554**
**Tel. (508) 228-1700**
**www.nantucketchamber.org**

### Hotel

■ **Brass Lantern Inn**
**11 North Water Street**
**Tel. (508) 228-4064**
**www.brasslanternnantucket.com**
Himmelbetten und Quilts schaffen eine heimelige Atmosphäre. ●●

### Restaurant

■ **Arno's**
**41 Main St.**
**Tel. (508) 228-7001**
**www.arnos.net**
Eine Institution in Nantucket seit 50 Jahren, bekannt für Fisch, Fleisch und Salate zu vernünftigen Preisen. ●●

## Martha's Vineyard 5

In Nantucket verbringt der alte Geldadel den Sommer, während Martha's Vineyard die Promis anzieht. Die meisten Strände des nach einer Seefahrertochter benannten Eilands befinden sich in Privatbesitz. Eine Ausnahme, deren Besuch sich lohnt, ist aber **Joseph Sylvia State Beach** zwischen Vineyard Haven und Edgartown. In dieser Gegend drehte auch Spielberg seinen »Weißen Hai«.

Sehenswert ist landeinwärts die sogenannte ***Cottage City,** eine Ansammlung bunter Holzhäuschen. 300 dieser reizenden Gingerbread Cottages (Lebkuchenhäuschen) gibt es zu bestaunen.

### Info

- **Martha's Vineyard Chamber of Commerce**
24 Beach Rd.
Vineyard Haven, MA 02568
Tel. (800) 505-4815
www.mvy.com

### Hotel

- **Harbor View Hotel**
131 N. Water St., Edgartown
Tel. (508) 627-7000
www.harbor-view.com
Die viktorianische Pracht wurde mehrfach ausgezeichnet als »Bestes Hotel von Martha's Vineyard«. ●●●

### Restaurant

- **Alchemy**
71 Main St., Edgartown
Tel. (508) 627-9999
Die Betreiber dieses französischen Bistros beweisen jeden Tag aufs Neue, dass Kochen auch etwas mit Alchemie zu tun hat. Heraus kommen Kompositionen wie eine Austern-Brie-Suppe. ●●

## Newport 6

Seit Mitte des 19. Jhs. übt das Atlantikstädtchen (26 000 Einw.) eine magische Anziehungskraft auf die »Oberen Zehntausend« aus, wo die Reichen luxuriöse Residenzen nach europäischem Vorbild errichten ließen.

Die Paläste reihen sich entlang von Bellevue Avenue und Ocean Drive aneinander, neun davon sind zu besichtigen, u.a. **The Breakers,** ein prächtiges Anwesen im Renaissancestil, das 1895 von Cornelius Vanderbilt in Auftrag gegeben wurde. Es war die Antwort auf das marmorstrotzende, 1892 erbaute **Marble House** seines Bruders William.

Der Kohlemagnat E. Berwind ließ sich für **The Elms** vom Pariser Château d'Asnières inspirieren, **Rosecliff** kopiert das Grand Trianon in Versailles.

Dass Newports Geschichte lange vor der Invasion der Reichen begann, zeigt sich im historischen Kern der Stadt. **The Old Colony House** war der Sitz der Regierung von Rhode Island. Prominentester Redner: George Washington (Washington Sq.).

Er kehrte wie seine Kollegen sicher gerne in der **White Horse Tavern** › S. 85 ein, der vermeintlich ältesten Schänke des Landes, die seit 1673 Gäste bewirtet. Echt gut!

Farbenrausch des Indian Summer in den Berkshire Hills

### Info

**Newport County Convention and Visitors Bureau**
23 America's Cup Ave.
Tel. (800) 976-5122
www.gonewport.com

### Hotel

**Cliffside Inn**
2 Seaview Ave.
Tel. (401) 847-1811 oder
(800) 845-1811
www.cliffsideinn.com
Dreistöckige viktorianische Villa nahe dem malerischen Cliff Walk. ●●●

### Restaurant

**Le Bistro**
41 Bowen's Wharf
Tel. (401) 849-7778
Berühmt für die beste Bouillabaisse der Stadt – die man sich teuer bezahlen lässt. ●●●

**White Horse Tavern**
26 Marlborough Street
Tel. (401) 849-3600
www.whitehorsetavern.com
Die historische Schänke serviert Fischspezialitäten der Region. ●●

## New Haven 7

New Haven (124 500 Einw.) ging als erster auf dem Reißbrett geplanter Ort der USA in die Geschichte ein. Dass die 1638 gegründete Stadt anschließend nicht in der Bedeutungslosigkeit verschwand, verdankt sie vor allem einer Institution: Der Elite-Universität **Yale.** Die historischen Bauten des Campus-Geländes betrachtet man am besten bei **geführten Touren,** die am Visitor Information Center (149 Elm St., www.yale.edu/visitor) starten.

Echt gut!

Sowohl die **Yale University Art Gallery** mit ihrer repräsentativen Auswahl amerikanischer Malerei sowie Gemälden von van Gogh, Monet und Picasso (Di–Sa 10–17, So 13–18 Uhr, Sept.–Juni Do bis 20 Uhr) als auch das **Yale Center for British Art** mit einem breiten Spektrum englischer Malerei des 16. und 17. Jhs. (Di–Sa 10–17, So 12–17 Uhr) befinden sich in der Chapel Street, der Studentenmeile der Stadt.

## Stockbridge 8

In den üppig bewaldeten ****Berkshire Hills** mit ihren beiden zentralen Ortschaften Lenox und Stockbridge erreicht die Farbenpracht des **Indian Summer** ihren Höhepunkt. Besonders in Stockbridge schlagen die Uhren noch im gemütlichen Takt der Postkutschenzeit, welche die Reisenden im Schaukelstuhl auf der Terrasse des **Red Lion Inn** Revue passieren lassen. Da ist ein Besuch des **Norman Rockwell Museum** schon richtig aufregend: Der langjährige Illustrator der »Saturday Evening Post« malte als Ausgleich zu seinem Heile-Welt-Job auch überaus kritische Werke (9 Glendale Road, www.nrm.org; tgl. 10 bis 16 Uhr, im Sommer und an Wochenenden länger).

Echt gut!

Echt gut!

### Info

■ **The Berkshires Visitor Center**
3 Hoosac Street
Adams, MA 01220
Tel. (800) 237-5747
www.berkshires.org

### Hotel/Restaurant

■ **The Red Lion Inn**
30 Main St., Stockbridge
Tel. (413) 298-5545
Ehemalige Postkutschenstation, eine Institution seit mehr als 200 Jahren, mit entsprechend nostalgischem Ambiente. Das Restaurant serviert kreative Regionalküche. ●●

## 4 **Hancock Shaker Village 9

Von Stockbridge aus sollte man sich Zeit nehmen für einen Ausflug zum gut 30 km nördlich bei Pittsfield gelegenen Hancock Shaker Village. Erstaunlich fortschrittsgläubig waren die Mitglieder der Sekte »United Society of Believers in Christ's Second Appearing«, die unter dem Namen Shaker wesentlich bekannter sind. Der Name »Shaker« rührt von den ekstatischen Zuckungen der Sektenmitglieder her, wenn sie während der Gottesdienste vom Heiligen Geist befallen wurden. Gottgefälliges Verhalten, harte Arbeit und ein eheloses Leben war ihre Devise.

Das Museumsdorf gibt einen guten Eindruck davon, dass die Shaker, die von 1783 bis 1960 hier lebten, zu Recht als hervorragende Farmer gerühmt wurden (34 Lebanon Mountain Rd., Hancock, Tel. 413/443-0188, www.hancockshakervillage.org; tgl. 10 bis 16, im Sommer bis 17 Uhr).

Die Niagarafälle sind eine der Top-Attraktionen Nordamerikas

# Große-Seen-Region

## Nicht verpassen!

- Eine Fahrt mit dem Express-Fahrstuhl auf den Sears Tower in Chicago
- Die spektakuläre Niagara-Falls-Tour »Journey behind the Falls«
- Ein Besuch im Motown Historical Museum von Detroit – wo nicht nur die Karriere von Stevie Wonder begann
- Im uralten Funks Grove in McLean ein Glas Ahornsirup kaufen
- Mit der herrlich altmodischen Kabinenbahn zum Scheitel des Gateway Arch von St. Louis

# Zur Orientierung

Jeder Nordamerika-Besucher begreift schnell: In den USA fällt alles eine Nummer größer aus. Die fünf Großen Seen mit einer Gesamtfläche von 245 000 Quadratkilometern sprengen dabei alle Dimensionen. In früheren Zeiten bot das nasse Quintett auch ausgezeichnete Warentransportwege. Städte wie Chicago mit seinen Highlights moderner Architektur, die Motor Town (oder kurz Motown) Detroit oder Cleveland verdanken ihren Aufstieg ihrer Lage an den Großen Seen.

Der Wunsch der Amerikaner nach uneingeschränkter Mobilität machte aber nicht nur Detroit groß, sondern sorgte auch bereits 1926 für die erste ununterbrochene Straßenverbindung zwischen Chicago und Los Angeles. Die 4000 km lange Route 66 ist heute ein beliebtes Ziel für Nostalgiker. Warum, lässt sich auf dem Teilstück zwischen Chicago, Springfield und St. Louis buchstäblich erfahren.

Und dann ist da natürlich noch eine der wichtigsten Touristenattraktionen Amerikas. Die Niagarafälle präsentieren sich zunächst als eine Naturschönheit sondergleichen. Wie das Schauspiel aber von Niagara Falls und Niagara Falls, den beiden gleichnamigen Städten auf US- und auf kanadischer Seite, ausgeschlachtet wird, kann man amüsiert zur Kenntnis nehmen. That´s America!

## Touren in der Region

### Get your kicks

**(11) Chicago › McLean › Springfield › St. Louis (› Chicago)**

**Länge:** 5 Tage/490 km einfach, als Rundreise Chicago – St. Louis – Chicago ca. 1 Woche
**Praktische Tipps:** Um den exorbitant hohen Gebühren für Einwegmieten zu entgehen, kann man nach dem Besuch von St. Louis auch die relativ kurze Strecke nach Chicago in ein bis zwei Tagen wieder zurückfahren.

Der Song »Get Your Kicks on Route 66« beschreibt die Sehnsucht nach unendlicher Weite, die einen auf der legendären Route 66 überkommt, wo der Weg zum Ziel wird. Meist neben der Interstate 55 folgt die Traditionsstraße den »Historic Route 66«-Schildern. Dabei sollte einen aber nicht der Ehrgeiz packen, jedes Teilstück der alten Route zu finden. Besser ist es, kurz hinter **Joliet**, einem Vorort ****Chicagos** › S. 90, die I-55 zu verlassen und über Wilmington und Bloomington in Richtung Springfield zu fahren.

Unterwegs sieht man zahlreiche verfallende Überbleibsel aus der Blütezeit der »Mother Road«, aber auch liebevoll restaurierte Route-66-Klassiker wie das Launching Pad Diner in **Wilmington**, mit riesigem Astronauten vor der Tür, Funks Grove und Dixie Travel Plaza in **McLean** › S. 101 oder das Ariston Cafe in **Litchfield** kurz vor St. Louis.

Die Tour über die Route 66 mit Stopp in Abraham Lincolns Heimatstadt **Springfield** › S. 102 endet entweder in **St. Louis** › S. 102, dem Tor zum Westen, oder man fährt auf der I-55 nach Chicago zurück.

## Seenfahrt

**(12) Detroit › Flint › Bay City › Huron National Forest › Mackinac Island › Sleeping Bear Dunes › Manistee National Forest › Detroit**

**Länge:** 10 Tage/1340 km
**Praktische Hinweise:** Kfz-Mitnahme nach Mackinac Island ist nicht möglich, in Mackinaw City gibt es Langzeitparkplätze. Für die Parkbesuche empfiehlt sich eine flexible Zeitplanung.

(11) Tour: Get your kicks Chicago › McLean › Springfield › St. Louis (› Chicago)

(12) Tour: Seenfahrt Detroit › Flint › Bay City › Huron National Forest › Mackinaw City/Mackinac Island › Sleeping Bear Dunes › Manistee National Forest › Detroit

Dass Michigan viel unberührte Natur, schöne Strände, eine sehenswerte Landschaft und sogar Dünen zu bieten hat, wissen nicht einmal viele Amerikaner. Die Tour, die in einer Woche zu schaffen ist, führt zu den Naturschönheiten dort und an drei der fünf Großen Seen vorbei.

Los geht's in **Detroit** › S. 98 nordwärts über die Industriestadt **Flint** ins prosperierende **Bay City** (37 000 Einw.) am Lake Huron. Idyllisch ist von hier eine Fahrt in der **Mackinac-Bucht** mit den Appledore Tall Ships, 18–20 m langen Segelschiffen (BaySail, 107 5th St., Bay City, Tel. 989/895-5193, www.baysailbaycity.org).

Bei der Weiterfahrt entlang der Küste erreicht man bei Oscoda eine Einfahrt zum **Huron National Forest,** der gemeinsam mit dem Manistee National Forest im Westen mehr als 500 km Wanderwege sowie Sportmöglichkeiten bietet, wie Radfahren, Reiten, Kanu- und Bootfahren oder Fischen. 37 Campingplätze sorgen für Übernachtungsmöglichkeiten (www.fs.fed.us/r9/hmnf).

**Mackinaw City** markiert das Nordende dieser Tour. Von dort führt ein Abstecher auf das reizvolle ****Mackinac Island** › S. 101, bevor es wieder nach Süden geht. Warum die Amerikaner die Großen Seen oft als Binnenmeer bezeichnen, wird in den **Sleeping Bear Dunes** deutlich, einer 50 km langen begehbaren Strand- und Dünenlandschaft. Die Zufahrt zum Park führt über das Dorf Empire nahe **Traverse City**.

Auf den Sleeping Bear Dunes Park folgt der **Manistee National Forest** als westlicher Teil der Huron-Manistee National Forests, bevor es über **Lansing** zurück nach Detroit geht.

# Unterwegs in der Region

## **Chicago 1

Chicago – die Stadt der Superlative! Reisende kommen auf dem größten Flughafen der Welt oder dem geschäftigsten Bahnhof des Landes an, den besten Rundblick über die fast endlos erscheinende 2,8-Mio.-Einwohner-Metropole hat man vom Sears Tower, dem höchsten Gebäude der USA. In Chicago wurden die ersten Wolkenkratzer der Welt gebaut aus der Hand der namhaftesten Architekten ihrer Zeit. Heute ist die drittgrößte Stadt der USA unumstrittenes wirtschaftliches und kulturelles Zentrum der Region.

### Vom Sears Tower zum Grant Park

Als Ausgangspunkt für eine Besichtigung Chicagos empfiehlt sich das markanteste Gebäude der Stadt, der 443 m hohe ****Sears Tower** Ⓐ. Die neun quadrati-

Karte Seite 95

schen, ineinander verschachtelten Türme waren bis 1996 die höchsten Bürotürme der Welt. Der Expressfahrstuhl schafft die 400 m zur **Aussichtsetage im 103. Stock** in einer Minute (www.searstower.com; Skydeck April–Sept. 10–22, Okt.–März 10–20 Uhr). Im benachbarten Finanzdistrikt dominiert das 44-stöckige, im Art-déco-Stil gehaltene **Chicago Board of Trade Building** Ⓑ, die Warenterminbörse, die Szenerie.

cht gut!

Der Wettstreit zwischen den regionalen Kaufhausketten Marshall Field & Company hier und Carson Pirie Scott ist in einer Hinsicht längst entschieden: Der **Carson Pirie Scott and Company Store** Ⓒ, ein von Louis H. Sullivan konzipiertes Kaufhaus von 1899 mit reicher Ornamentik auf der Terrakottafassade, sticht Field aus (1 S. State St.).

Jenseits der Michigan Avenue liegt mit dem **Grant Park** die grüne Lunge der Stadt. Hier lässt man die Großstadthektik hinter sich und trifft auf Skater, Spaziergänger, Gaukler und Jongleure. Mitten im Grant Park am Columbus Drive befindet sich der **Buckingham Fountain** Ⓓ, der weltweit größte Springbrunnen.

## 5 **Art Institute of Chicago Ⓔ

Die Energie, die man beim Bummel durch den Park getankt hat, benötigt man dringend beim Besuch des renommierten Art Institute of Chicago. Bereits im Hof gibt die Skulptur **Large Interior Form** von Henry Moore einen

cht gut!

Skyline mit dem 443 Meter hohen Sears Tower am Chicago River

Vorgeschmack auf die reichen Schätze im Museum.

Das **Museum** selbst ist untergebracht in einem prachtvollen Beaux-Arts-Gebäude und beheimatet eine der umfangreichsten Kunstsammlungen der Welt mit Exponaten von allen Kontinenten – von Gemälden über Grafiken und Skulpturen bis zu Fotografien. Berühmt ist das Art Institute für seine Sammlung französischer Impressionisten und Postimpressionisten sowie für völkerkundliche Exponate aus Asien, Afrika und Amerika (111 S. Michigan Ave., www.artic.edu; Mo–Mi und Fr 10.30–17 Uhr, Do bis 20 Uhr, Sa/So 10–17 Uhr, Eintritt 12 $, ermäßigt 7 $).

## Michigan Avenue und Merchandise Mart

Der Weg führt anschließend weiter nach Norden. An der Ecke zur Randolph Street liegt das **Chicago Cultural Center F** als Anlaufstelle für Stadtbesucher, die hier Informationen aller Art bekommen › S. 93; zudem finden hier Ausstellungen, Konzerte und Lesungen statt.

Einige Hundert Meter nördlich, direkt jenseits der 1920 fertiggestellten Brücke erhebt sich links das **Wrigley Building G**, das der Kaugummikönig 1921–24 errichten ließ. Der Uhrturm ist eine Nachbildung der berühmten Giralda von Sevilla. Schräg gegenüber bestimmt der neogotische **Chicago Tribune Tower H** seit 1925 die Szenerie.

Westlich davon, an der Wells Street nahe dem Chicago River, prägt der markante Bau des **Merchandise Mart I** das Stadtbild. Die Ausmaße dieses Art-déco-Kolosses lassen sich erahnen, wenn man durch das Einkaufszentrum der unteren Stockwerke schlendert (www.mmart.com).

Beim Wrigley Building beginnt die **Magnificent Mile,** eine der berühmtesten Hochpreis-Einkaufsstraßen Nordamerikas. Markantester Punkt auf der North Michigan Avenue ist der 1869 erbaute **Water Tower J**.

Das ***John Hancock Observatory K**, sozusagen der kleine Bruder des Sears Tower, bietet eine gute Aussichtsalternative, wenn sich beim Original mal wieder lange Warteschlangen gebildet haben (875 N. Michigan Ave., www.hancock-observatory.com; tgl. 9–23 Uhr).

> Echt gut!
>
> ### Freiluft-Skulpturen
>
> Unter den Eignern der Innenstadt-Bürohochhäuser ist ein Wettkampf um die markantesten Freiluft-Skulpturen auf den Plazas › Karte S. 95 entstanden. Die Kunstfreunde freut's.
>
> - Das bekannteste Werk ist wohl der monumentale **Chicago-Picasso** auf der Daley Plaza.
> - **Miro's Chicago** (ursprünglich The Sun, the Moon and One Star) steht auf der Brunswick Plaza beim Chicago Temple Building.
> - Henry Moores Bronze **Large Interior Form ziert den Garten** vor dem Art Institute of Chicago. › S. 91
> - Alexander Calders **Flamingo** auf der Federal Plaza vor dem Kluczynski Federal Building dürfte die meistfotografierte Skulptur Chicagos sein.
> - Keine Skulptur, sondern ein Mosaik ist **Four Seasons** von Marc Chagall, seit 1974 zu bewundern auf der Chase Tower Plaza.

## Navy Pier und MSI

Die Betreiber des **Navy Pier** haben der Stadtsilhouette ein lichterfunkelndes Riesenrad hinzugefügt. Der auf 20 000 Holzbalken ruhende Pier, der 1000 m in den Lake Michigan hineinragt, wurde in ein Erholungs- und Kulturzentrum umfunktioniert. Dieses ist auch Standort des **Chicago Children's Museum** › Special S. 24 und fungiert als Ablegestelle für Flussfahrten und Dinner

Karte Seite 95

Cruises auf dem Lake Michigan (www.navypier.com).

»Zum Anfassen« und unbedingt sehenswert ist das ****Museum of Science and Industry (MSI)**, das mit gut 2000 Exponaten in 75 Hallen eine Menge Themenfelder aus Wissenschaft und Technik anschaulich erläutert (57th St./Lake Shore Dr., www.msichicago.org; Mo–Sa 9.30–16, So 11–16 Uhr).

Der historistische Chicago Tribune Tower von 1925

### Info

- **Chicago Office of Tourism, Cultural Center Visitor Information Center**
**77 E. Randolph/Michigan Ave.**
**Chicago, IL 60602**
**Tel. (866) 710-0294**
**www.explorechicago.org,**
**www.gochicago.com**
Mo–Do 8–19, Fr 8–18, Sa 9–18, So 10–18, Fei 10–16 Uhr.

- **Chicago Water Works Visitor Information Center**
**163 E. Pearson at Michigan Ave.**
**Tel. (312) 744-2400**
Mo–Do 8–19, Fr 8–18, Sa 9–18, So 10–18, Fei 10–16 Uhr.

### Verkehr

- **Flughafen: Chicago O'Hare Airport,** 25 km nordwestl., Infos unter www.chicagoairports.com. Taxifahrt in die Stadt ca. 35–40 $; U-Bahn-Fahrt (CTA) 2 $; Airport-Express-Busse ins Zentrum und in den Norden ab 15 $.
- **Bahnhof: Union-Station,** Adams/Canal Sts., Tel. 312/559-1212. Amtrak-Züge aus dem ganzen Land.
- **Stadtverkehr:** Dichtes Bus- und Hoch- bzw. U-Bahnnetz sowie Vorortzüge der **Chicago Transit Authority** (CTA, www.transitchicago.com).

## Tour d'Architektur

Die Architekten, die Chicagos Skyline prägten, haben nah am Wasser gebaut. Die bedeutendsten Werke von weltberühmten Architekten wie Ludwig Mies van der Rohe, Skidmore, Owings & Merrill, Bertrand Goldberg oder Helmut Jahn sind am Chicago River aufgereiht wie Perlen auf einer Schnur.

Natürlich kann man zu Fuß die Wolkenkratzerlandschaft erkunden, eine wesentlich bequemere Art, die Architekten und die Architektur der Stadt kennenzulernen, bietet die **Chicago Architecture Foundation** mit ihren Bootsfahrten zum Thema, die den Chicago River entlang und hinaus auf den Lake Michigan führen (Treffpunkt an der südöstlichen Ecke der Michigan-Avenue-Brücke, mehrere Touren täglich, Buchung über Ticketmaster, Tel. 312/902-1500, www.architecture.org).

Echt gut!

Karte Seite 95



## Hotels

- **Palmer House**

**17 E. Monroe St.**
**Tel. (312) 726-7500**
**www.chicagohilton.com**

Echt gut! **Historisches Luxushotel** mitten in Downtown. Stilvoll-nostalgische Zimmer mit modernem Komfort, separater Executive-Level für Gäste mit Sonderwünschen. ●●●

- **Ohio House Motel**

**600 N. LaSalle St.**
**Tel. (312) 943-6000**
**Fax (312) 943-6063**

Einfaches, zweistöckiges Motel im Stil der 1950er-Jahre. Freies Parken; hauseigener Coffee-Shop. ●

## Restaurants

- **Prairie**

**500 S. Dearborn St.**
**Tel. (312) 986-1234**

Eine gute Gelegenheit, Büffelsteak zu kosten. ●●

- **Ed Debevic's**

**640 N. Wells**
**Tel. (312) 664-1707**

Ein Klassiker in Chicago. Besseres Chili und bessere Hot Dogs gibt es fast nirgendwo. ●

- **Gino's East**

**633 N. Wells**
**Tel. (312) 943-1124**

Drei Taxifahrer gründeten diese Riesenpizzeria, die so gut ankommt, dass sich immer lange Warteschlangen bilden. ●

## Nightlife

Die **Ohio Street** führt in ein Gebiet, das sich in den vergangenen Jahren zum Nacht- und Vergnügungsviertel der Stadt entwickelt hat.

- Hier findet sich sowohl eine Filiale von **Hard Rock Cafe** Ⓛ **(63 W. Ontario St.)** als auch die originale **Pizzeria Uno** Ⓜ **(63 W. Ontario St.)**, in der 1943 die weltberühmte Chicagoer Deep Dish Pizza erfunden wurde.
- Ein Unikum ist der unübersehbare **Rock 'n' Roll McDonald's** Ⓝ mit angeschlossenem Rock- und Pop-Museum **(600 N Clark St.)**. Echt gut!
- Spät abends empfiehlt sich ein Besuch im **Blue Chicago** Ⓞ, dem besten Blues-Club der Stadt **(736 N. Clark St.; Mo–Sa)**. Echt gut!

# Ausflug: Oak Park

Für Architekturfans ist ein Besuch in Oak Park ein Muss. Das Wohnviertel westlich von Chicago in Cook County gelegen (und mit den Blue und Green Lines der »El« sowie mit Linienbussen zu erreichen), wurde durch die über die Stadt verteilten Bauten Frank Lloyd Wrights berühmt.

Im **Besucherzentrum** Lake Street, Ecke Forest Avenue (Tel. 708/848-1500, www.visitoakpark.com) werden Walkmen mit Tourenkas-

Ⓐ Sears Tower
Ⓑ Chicago Board of Trade Building
Ⓒ Carson Pirie Scott and Company Store
Ⓓ Buckingham Fountain
Ⓔ Art Institute of Chicago
Ⓕ Chicago Cultural Center
Ⓖ Wrigley Building
Ⓗ Chicago Tribune Tower
Ⓘ Merchandise Mart
Ⓙ Water Tower
Ⓚ John Hancock Observatory
Ⓛ Hard Rock Cafe
Ⓜ Pizzeria Uno
Ⓝ Rock 'n' Roll McDonald's
Ⓞ Blue Chicago

Lake Michigan
W. Wendell St.
W. Oak St.
E. Oak St.
E. Lake Shore Dr.
41
W. Walton St.
E. Walton St.
Washington Square
W. Locust St.
E. Delaware Pl.
N. Rush St.
N. Michigan Ave.
Mies van der Rohe Way
N. DeWitt Pl.
N. Lake Shore Dr.
N. Orleans St.
N. Franklin St.
N. Wells St.
N. La Salle St.
W. Chestnut St.
E. Chestnut St.
E. Pearson St.
Lake Shore Park
W. Chicago Ave.
Chicago/State
E. Chicago Ave.
Chicago
W. Superior St.
E. Superior St.
N. Dearborn St.
N. Clark St.
N. State St.
W. Huron St.
E. Huron St.
N. Fairbanks Court
N. Wabash St.
W. Erie St.
E. Erie St.
N. St. Clair St.
N. McClurg Court
NEAR NORTH
W. Ontario St.
E. Ontario St.
Navy Pier
W. Ohio St.
E. Ohio St.
Grand/State
"Magnificent Mile"
W. Grand Ave.
E. Grand Ave.
N. Rush St.
W. Illinois St.
E. Illinois St.
W. Hubbard St.
W. Kinzie St.
Merchandise Mart
Chicago River
E. Wacker Dr.
W. Wacker Drive
E. South Water St.
State/Lake
W. Lake St.
E. Lake St.
N. Columbus Dr.
Clark/Lake
Randolph/Wells
Randolph/Wabash
W. Randolph St.
Illinois Center Gulf Station
E. Randolph Dr.
Chicago-Picasso
Washington/State
N. Wacker Drive
W. Washington St.
Miro's Chicago
Washington/Dearborn
Madison/Wabash
W. Madison St.
LOOP
E. Madison St.
Four Seasons
Madison/Wells
Monroe/Dearborn
Monroe/State
W. Monroe St.
First National Plaza
E. Monroe Dr.
S. Franklin St.
S. Wacker Drive
Large Interior Form
Adams/Wabash
W. Adams St.
E. Adams St.
S. Wells St.
Quincy/Wells
Federal Flamingo Plaza
Jackson/State
Grant Park
W. Jackson Blvd.
Jackson/Dearborn
S. Wabash St.
Van Buren Station
E. Jackson Dr.
La Salle/Van Buren
W. Van Buren St.
S. Lake Shore Dr.
S. Branch
La Salle/Congress
S. Dearborn St.
S. Clark St.
S. Columbus Dr.
Eisenhower Expwy.
Congress Pkwy.
E. Congress Drive
La Salle St. Station
Harrison/State
Oak Park
W. Harrison St.
E. Harrison St.
S. Michigan Ave.
Museum of Science and Industry
S. La Salle St.
S. Sherman St.
S. Federal St.
S. Plymouth Ct.
S. State St.
E. Balbo Ave.
Chicago
Chicago River
W. Polk St.
E. 8th St.
0 0,2 Meilen
0 200 Meter
N
A B C D E F G H I J K L M N O

setten verteilt, die mit dem Leben und Schaffen Frank Lloyd Wrights und seiner Stilentwicklung vertraut machen.

## 6 ***Niagara Falls 2

Die Stadt Niagara Falls an den gleichnamigen weltberühmten **Niagarafällen** zwischen Lake Erie und Lake Ontario gibt es gleich zweimal – zum einen auf der US-amerikanischen, zum anderen auf der kanadischen Seite. In der massentouristischen kanadischen Version hat man den besseren Blick auf die Horseshoe Falls, die den American Falls die Show stehlen.

Auf US-Seite ist der **Prospect Park** am frühen Morgen besonders stimmungsvoll, denn dann kann man oft einen Regenbogen über den Fällen beobachten. Am Abend wird das Wasserspektakel aufwendig illuminiert. Von einer Plattform aus hat man einen guten Blick auf die **American Falls,** die 55 m in die Tiefe stürzen.

Seit über 150 Jahren fahren Boote von Kanada und den USA aus ganz nah an die **Horseshoe Falls** heran. Die Schiffe heißen – in Erinnerung an den Originalkahn – allesamt »Maid of the Mist« (www.maidofthemist.com;

Auf hölzernen Stegen kommt man den Niagarafällen ganz nah

Mai–Okt. 10–16 Uhr, im Hochsommer bis 20 Uhr).

Die aufregendste Begegnung mit den Wasserfällen gibt es von kanadischem Boden aus: Bei **Journey behind the Falls** bringen Fahrstühle die Besucher hinter die 750 m breiten und 52 m hohen Horseshoe Falls. Eine Billion Liter Wasser gehen hier stündlich den Bach hinunter (tgl. 9–17.30 Uhr, im Sommer z.T. bis 23 Uhr).

Echt gut!

### Info

**Niagara Tourism and Convention Corporation**
345 3rd St., Suite 605
Niagara Falls, NY 14303
Tel. (716) 282-8992 oder
(877) 325-5787
www.niagara-usa.com

### Hotels

**The Red Coach Inn**
2 Buffalo Ave.
Tel. (716) 282-1459
www.redcoach.com
Stilvolles Wohnen in Nähe der American Falls mit einem Hauch von Luxus in altenglischer Atmosphäre. ●●●

**Holiday Inn Niagara Falls**
114 Buffalo Ave.
Tel. (716) 285-2521
www.ichotelsgroup.com
Relativ günstige Zimmer in guter Lage am Prospect Park; sehr beliebt. ●●

### Restaurants

**Hard Rock Cafe**
333 Prospect St.
Tel. (716) 282-0007
Wesentlich besser gelungene Filiale als die in Kanada. ●●

**The Secret Garden**
5827 River Rd
Tel. (905) 358-4588
Italienisches Restaurant auf der kanadischen Seite, Sommerterrasse mit schönem Blick auf die Niagarafälle, mitunter etwas kitschig. ●●

## Cleveland 3

Die zweitgrößte Stadt Ohios (452 000 Einw.), die in den 1980er-Jahren Konkurs anmelden musste, hat ein erstaunliches Comeback erlebt. »Cleveland's hot« (etwa: »Cleveland ist angesagt«), lautet das Motto. Maßgeblichen Anteil am touristischen Aufschwung hat die ***Rock 'n' Roll Hall of Fame,** die 1995 eröffnete Ruhmeshalle der Rockmusik. Stararchitekt I. M. Pei schuf einen avantgardistischen Bau, eine Mischung aus Glaspyramide und Betonsäule, die sich jedem Streben nach Symmetrie zu widersetzen scheint. Im Inneren sind rare Video- und Audiodokumente sowie Hunderte von Memorabilien zu einer einmaligen Sammlung zusammengestellt worden (1 Key Plaza, www.rockhall.com; tgl. 10 bis 17.30, Mi bis 21, im Sommer auch Sa bis 21 Uhr).

Für 55 Mio. Dollar entstand gleich nebenan das **Great Lakes Science Center** mit 350 Anfassexponaten aus Naturwissenschaft und Technik, Interessantem zu den Großen Seen und der Möglichkeit des Besuchs in der computererzeugten Welt der Virtual Reality (601 Erieside Ave., www.greatscience.com; tgl 10–17 Uhr).

Ein Blickfang ist der Art-déco-Turm des **Tower City Center:** Ein Bürohaus und ein Bahnhof wurden hier in ein mehrstöckiges Einkaufszentrum umgewandelt (www.towercitycenter.com).

Echt gut!

**The Flats** ist ein Überbleibsel aus der Zeit, als Cleveland mit der Gewinnung von Eisenerz beste Geschäfte machte. Die alten Lagerhallen wurden revitalisiert und in ein Vergnügungsviertel mit Bars, Restaurants, Diskotheken und einer Musikarena umfunktioniert (www.clevelandflats.org).

### Info

■ **Positively Cleveland Visitors Center**
**Highbee Building, 100 Public Square**
**Cleveland, OH 44113-2290**
**Tel. (800) 321-1004**
**www.positivelycleveland.com**
Mo–Fr 9–17, im Sommer auch Sa/So 10–15 Uhr.

### Hotel

■ **Wyndham**
**1260 Euclid Ave.**
**Tel. (216) 615-7500**
**www.wyndham.com**
Modernes Komforthotel im Theaterdistrikt; trotz der zentralen Lage am Playhouse Square sehr ruhig. ●●

### Restaurants

■ **Longhorn Steakhouse**
**20999 Ctr. Ridge Rd.**
**Tel. (440) 356-5433**
Auch wenn man nicht den ganzen Tag Erz verladen hat, bekommt man in diesem Flats-Restaurant ein Riesensteak, aber auch Hühnchen und Seafood stehen zur Wahl. ●●

■ **Frank Sterle's Slovenian Country House**
**1401 E. 55th St.**
**Tel. (216) 881-4181**
Wer fern der Heimat Hunger auf ein Wiener Schnitzel bekommt, sollte diese urige Bierhalle etwas außerhalb des Zentrums ansteuern. Achtung: Polkamusik. ●

## Detroit 4

Bewohner von Detroit bezeichnen ihre Beinahe-Millionenstadt (917 000 Einw.) gerne als *the city that drives the world* (»die Stadt, die die Welt antreibt«), Konzerne wie General Motors oder Ford haben hier ihr Hauptquartier, und Chrysler hat seinen Sitz im nahe gelegenen Auburn Hills.

Eine Ausnahme von der Bürohaus-Eintönigkeit Downtowns bildet das **Renaissance Center,** ein Ensemble aus sieben runden, stahlglitzernden Türmen am Detroit River, die sich bis zu 73 Stockwerke in die Höhe recken.

Das **Detroit Institute of Arts** ist das sechstgrößte Museum der USA. Höhepunkt der Ausstellung: Diego Riveras Fresken im zentralen Museumsraum (5200 Woodward Ave., www.dia.org; Mi/Do 10–17, Fr 10–22, Sa/So 10 bis 18 Uhr).

In den höchsten Tönen loben Experten das ***Museum of African American History,** das einen guten Überblick über die afrikanische Kultur in Amerika gibt (315 East Warren St., www.maah-detroit.org; Di–Sa 9–17 Uhr, So 13–17 Uhr).

Karte Seite 89

Das stahlglitzernde Renaissance Center am Detroit River

echt gut!

Im Vergleich zu diesen Megabauten wirkt das ***Motown Historical Museum** bescheiden. Für Musikfreunde ist die Ausstellung in einem Studio des Motown-Gründers Berry Gordy Jr. aber ein Kleinod (2648 W. Grand Blvd., www.motownmuseum.com; Di bis Sa 10–18 Uhr, Sommer tgl.).

## Info

■ **Detroit Metro Convention & Visitors Bureau**
**211 W. Fort St., Suite 1000**
**Detroit, MI 48226**
**Tel. (313) 202-1800 oder**
**(800) 338-7648**
**www.visitdetroit.com**
Visitor Information Centers im Greenfield Village und Renaissance Center.

## Hotels

■ **Marriott Renaissance Center**
**Renaissance Center**
**Tel. (313) 568-8000**
**www.marriott.com**
Das Hotel bietet Gelegenheit, einmal im 70. Stock zu nächtigen. ●●●

■ **Greenfield Inn**
**3000 Enterprise Dr., Allen Park**
**Tel. (313) 271-1600**
**www.bestwesterngreenfield.com**
Modernes Haus der Best-Western-Kette, nahe Henry Ford Museum in Dearborn. ●●

## Restaurants

■ **Pegasus Taverna Restaurant**
**558 Monroe St.**
**Tel. (313) 964-6800**
**www.pegasustaverna.com**
Gemütliches griechisches Restaurant mit offener Küche, serviert köstliche Vorspeisen und Lammgerichte. Tgl. ab 11 Uhr bis mindestens Mitternacht. ●●

■ **Union Street**
**4145 Woodward Ave.**
**Tel. (313) 831-3965**
**http://unionstreetdetroit.com**
Laut und flippig, der Treffpunkt der Einheimischen. New World Cuisine, So Brunch. ●

Special

# Die Mother Road

Noch vor zehn Jahren hätte niemand mehr der Route 66, der ersten durchgehenden Straße zwischen Chicago und Los Angeles, eine Zukunft gegeben. Die 4000 km lange Fahrbahn verrottete, neue Umgehungsstraßen nahmen den Ortschaften am Rand der »Main Street of America« die Existenzgrundlage. Doch plötzlich passierte Wundersames: Zahllose Fanclubs wurden gegründet, und man arbeitete mit Feuereifer daran, die Erinnerung an die goldene Zeit des Automobils hochzuhalten. Inzwischen steht die »Mother Road«, wie Fans sie liebevoll nennen, unter Denkmalschutz.

## Route-66-Legenden

Während viele einstige Attraktionen entlang der Route verrotten und so der »Mother Road« ironischerweise einen morbiden Charme verleihen, werden andere Sehenswürdigkeiten wie etwa das skurrile **Polk-a-Dot-Restaurant** in Braidwood oder der ausgefallene Souvenirladen **Henry's Route 66 Rabbit Ranch** in Staunton weiterbetrieben – und können den Ansturm der stetig wachsenden Route-66-Fangemeinde an manchen Tagen nicht bewältigen. Einen Einblick in die Geschichte der »Mother Road«, die bereits 1926 Chicago und Los Angeles verband, gibt es im **Museum der Route 66 Association of Illinois** in Pontiac.

- **Polk-a-Dot-Restaurant, 222 N. Front St., Braidwood, IL, Tel. (815) 458-3377, www.polk-a-dot.com**
- **Henry's Route 66 Rabbit Ranch 1107 Old Route 66/S. Madison Ave., Staunton, IL, Tel. (618) 635-5655**
- **Route 66 Association Hall of Fame & Museum, 110 W. Howard St., Pontiac, IL, www.il66assoc.org;** Mo–Fr 9–17, Sa/So 10–16 Uhr, eingeschränkte Öffnungszeiten im Winter.

Karte Seite 89

## Ausflug: Dearborn

Die größte Attraktion Detroits befindet sich im Vorort Dearborn. Sie ist das Vermächtnis des Mannes, der den Autoboom in Detroit begründete. Im ****Henry Ford Museum** steht zwar die Geschichte des Automobils im Mittelpunkt, zu sehen sind aber auch Lokomotiven, Kutschen, Uhren und Druckerpressen (www.hfmgv.org; tgl. 9.30–17 Uhr; Eintritt 14 $, Kinder 10 $). Als einen gelungenen Kontrast zur Welt der Technik ließ Henry Ford aus allen Teilen Amerikas typische Häuser, Höfe und Schulen des 19. und frühen 20. Jhs. nach Dearborn transportieren und legte dort **Greenfield Village** an (20900 Oakwood Blvd., www.hfmgv.org; tgl. 9.30–17 Uhr; 20 $, erm. 14 $).

## **Mackinac Island 5

Ein wahres Kleinod ist Mackinac Island mit knapp 10 000 km² Fläche und nur 500 Einwohnern im Lake Huron. Die Inselbewohner fordern von ihren Besuchern nach US-Verständnis Unglaubliches: Das Auto bleibt auf dem Festland. Auf dem Eiland mit seinen reizenden viktorianischen Häusern bewegt man sich zu Fuß fort oder mit dem Fahrrad, auf Pferden oder in Kutschen. Das **Lilac Festival,** das jährliche Fliederfest im Juni, lässt die Insel vor Neugierigen schier bersten.

### Info

■ **Mackinac Island Tourism Bureau**
**Mackinac Island, MI 49757**
**Tel. (877) 847-0086**
**www.mackinacisland.org**

### Verkehr

■ **Fährverbindungen:** Regelmäßig von den Docks in Mackinaw City. Infos unter www.mackinawcity.com, Stichwort »Adventures«; Fahrzeit ca. 15–30 Min.

### Hotel

■ **The Inn at Stonecliffe**
**Tel. (906) 846-3355**
**www.theinnatstonecliffe.com**
Oberhalb einer Felsklippe mit herrlichem Ausblick gelegenes charmantes Haus im Edwardianischen Stil. ●●

### Restaurant

■ **Mary's Bistro**
**Tel. (906) 847-9911**
**http://mackinacmarysbistro.com**
Am westlichen Ende der Stadt direkt beim Star Line Dock gelegen. Spezialisiert auf Köstlichkeiten vom (Holzkohle-)Grill. ●●

## McLean 6

An dem Dörfchen McLean in Illinois mit seinen 808 Einwohnern würde wohl jeder auf der Interstate vorbeirauschen, wenn es hier nicht gleich zwei der immer weniger werdenden Route-66-Originale geben würde: Da ist zum einen im Norden der Gemeinde **Funks Grove Maple Sirup,** wo schon seit fast 200 Jahren ein Ahornsirup verkauft wird, den viele Liebhaber des süßen Gebräus für den köstlichsten der

Welt halten (5257 Old Route 66, Tel. 309/874-3360, www.funkspuremaplesirup.com).

Da ist zum anderen nur wenige Kilometer weiter eine Attraktion, die nur auf den ersten Blick wie ein gewöhnlicher Truckstop aussieht. Der **Dixie Travel Plaza** war in der Blütezeit der Route 66 willkommene Gelegenheit für die Reisenden, um aufzutanken, einen Happen zu essen und sich mit anderen westwärts Fahrenden ein wenig besorgt, auf jeden Fall aber aufgeregt auszutauschen über die gut 2000 Meilen, die noch vor einem lagen (501 S. Main St., Tel. 309/874-2323).

## Springfield 7

Springfield (111 500 Einw.), die Hauptstadt des Bundesstaates Illinois, ist die Wahlheimat des US-Präsidenten Abraham Lincoln (1809–1865). »Abe« wirkt in Springfield noch heute allgegenwärtig, wie ein Bummel durch die Innenstadt zeigt. Besonders interessant ist die Umgebung rund um das **Lincoln Home** (426 S. 7th Street, www.nps.gov/liho; tgl. 8.30–17 Uhr), ein Wohnhaus des ersten republikanischen Präsidenten und heute National Historic Site. Wer sich näher mit der Materie befassen will, besucht die **Abraham Lincoln Presidential Library** und das benachbarte Museum mit der größten Literatursammlung über »Abe« (Bücherei: 112 N. 6th Street; Museum: 212 N. 6th St.; tgl. 9–17 Uhr, Bücherei So geschl.).

### Info

**Springfield Convention & Visitors Bureau**
109 North Seventh Street
Springfield, Illinois 62701
Tel. (800) 545-7300
www.visit-springfieldillinois.com

### Hotel

**Carpenter Street Hotel**
525 North 6th St.
Tel. (217) 789-9100
www.carpenterstreethotel.com
Einfacheres Hotel in der Stadtmitte von Springfield, nur einen Katzensprung von den wichtigsten Lincoln-Attraktionen entfernt. ●●

### Restaurant

**Bentoh's**
213 S. 5th St.
Tel. (217) 544-6972
Die Betreiber nennen ihre Küche euro-asiatisch und kreieren Sushi der besonderen Art aus frischen regionalen Zutaten. Das kleine Restaurant ist leicht zu übersehen – was ein Fehler wäre. ●●

## St. Louis 8

Ein gigantischer Bogen kündigt die einst reichste Stadt (354 000 Einw.) am Mississippi von Weitem an: Der ***Gateway Arch** ist das stählerne Wahrzeichen von St. Louis, jener Metropole, die als »Tor zum Westen« gilt. Der Bogen ist ein architektonisches Jahrhundertwerk. Er besteht aus 142 sich verjüngenden dreieckigen Stahlsegmenten, die von beiden Seiten aus simultan in die Höhe gebaut wurden. Auf beiden Seiten fährt eine Bahn durch das hohle

Innere des Bogens, um Besucher zum **Aussichtspunkt im Scheitel des 192 m hohen Bauwerks** zu bringen (www.gatewayarch.com; Sommer tgl. 8–21.10 Uhr, Winter 9–17.10 Uhr).

Echt gut!

Einer der Lieblingssportarten der Amerikaner wird im **International Bowling Museum & Hall of Fame** gehuldigt (111 Stadium Pl., www.bowlingmuseum.com; Okt.–März Di–Sa 11–16, im Sommer tgl. 9–17 Uhr).

Einen guten Ausgleich zu derlei sportlichem Einsatz bietet ein Einkaufsbummel in der **Union Station,** einem ehemaligen Bahnhof aus den 1890ern, der jetzt einen riesigen Shoppingkomplex beherbergt (18th/Market Sts., www.stlouisunionstation.com).

## Info

**St. Louis Convention & Visitors Commission**
**701 Convention Plaza, Suite 300**
**St. Louis, Missouri 63101**
**Tel. (800) 916-8938**
**www.explorestlouis.com**
Visitors Center an der Kiener Plaza (Sixth/Chestnut Sts.).

## Hotels

**Drury Inn**
**711 N. Broadway, Tel. (314) 231-8100**
**www.druryhotels.com**
Schönes Suite-Hotel in Downtown St. Louis mit freiem Parken. Kurze Wege zu den Attraktionen der Stadt. ●●

**Omni Majestic Hotel**
**1019 Pine St., Tel. (314) 436-2355**
**www.omnihotels.com**
Das elegante denkmalgeschützte Haus aus dem Jahr 1914 ermöglicht eine

Der Gateway Arch in St. Louis

kleine Zeitreise. In Downtown und doch erschwinglich. ●●

## Restaurants

**Hannegan's**
**719 N. Second St.**
**Tel. (314) 241-8877**
Typisch amerikanische Karte mit saftigen Steaks und Hummer. Evergreen ist das Jack Daniels Bar-B-Qued Chicken. ●●●

**Ted Drewes Frozen Custard**
**6726 Chippewa**
**Tel. (314) 481-2652**
**www.teddrewes.com**
Hier wurde der **Beton-Shake** erfunden, den man auf den Kopf drehen kann, ohne dass etwas aus dem Becher fließt. ●

Echt gut!

## Nightlife

Während sich **Laclede's Landing** nahe dem Mississippiufer dem Jazz verschrieben hat, geht es im **Soulard District** ursprünglicher zu. In dem historischen Backsteinviertel bestimmen Blues-Bars die Szenerie.

# Florida

## Nicht verpassen!

- Ein Abend am Ocean Drive, dem Laufsteg der Eitelkeiten, in Miami Beach
- Im Everglades N.P. von den langen Holzstegen aus Alligatoren beobachten
- Ein Sonnenuntergang am Pier von Key West
- Einmal neben einer gigantischen Saturn V-Rakete im Kennedy Space Center stehen
- Auf der Rennstrecke von Daytona ein paar Hochgeschwindigkeitsrunden drehen

Karte Seite 107

# Zur Orientierung

Was für eine Verwandlung! Als die ersten Europäer in Florida anlandeten, fanden sie eine unwirtliche Sumpflandschaft vor, in der es vor gefährlichen Tieren wie Alligatoren und Krokodilen wimmelte. Und heute? Heute ist der südöstlichste US-Bundesstaat mit seinem riesigen Freizeitangebot die liebste Spielwiese nicht nur der Amerikaner. Seit jeher tragen dazu einige der schönsten Strände des Kontinents bei – besonders an der Westküste werden alle Karibik-Klischees bedient. Kein Punkt des »Sunshine State« ist mehr als zwei Stunden vom Meer entfernt, in vielen Badeorten sind es vom Hotelzimmer oder der Ferienwohnung aus nur ein paar Schritte bis in den Sand, und einlullendes Meeresrauschen ist abends der Soundtrack beim Einschlafen.

Im Kontrast dazu stehen dynamische Metropolen unter Palmen, wie das populäre Duo Miami und Miami Beach, vor deren Toren sich wiederum mit den Everglades oder den Florida Keys einzigartige Ökosysteme erstrecken.

Rein künstliche Welten findet man dagegen in Orlando, dem wohl größten Vergnügungszentrum der Welt. Hier könnte man sich vier Wochen lang aufhalten und hätte noch längst nicht alle Attraktionen der Freizeitparks von Disney, Universal & Co kennengelernt. So manch ein Florida-Besucher kommt deshalb in arge Gewissenskonflikte, denn die Zeit, die man hier verbringt, geht vom Strandurlaub ab und umgekehrt – von anderen sehenswerten Zielen in Florida, wie dem Kennedy Space Center in Cape Canaveral, der Hemingway-Insel Key West oder der ältesten Stadt der USA, St. Augustine, gar nicht zu reden.

Delfinshows sind Publikumsmagneten in der Sea World Orlando

## Touren in der Region

### Sonne, Spaß und Strände

**(13) Miami › Fort Lauderdale › Palm Beach › Kennedy Space Center › Orlando › Tampa › Clearwater Beach › Fort Myers › Naples › Alligator Alley › Miami**

**Länge:** 14 Tage/1115 km
**Praktische Hinweise:** Bei einem längeren Aufenthalt in Orlando oder an einer Stranddestination kann sich die Tour leicht um eine Woche ausdehnen. Die Vergnügungsparks in Orlando sind inzwischen unüberschaubar miteinander verwoben. Deshalb unbedingt nach Kombitickets für verschiedene Parks fragen.

Diese Tour konzentriert sich auf die untere Hälfte Floridas, wo, touristisch gesehen, ohnehin die Musik spielt. Von **Miami** › S. 109 aus geht die Fahrt entlang Floridas Ostküste in das »Venedig Amerikas«, das von über 250 km Kanälen durchzogene **Fort Lauderdale,** wo sich die weltweit größte Outlet Mall, Sawgrass Mills › Special S. 46, zum Shopping anbietet. Das mondäne **Palm Beach** ist dann wegen seines Wahrzeichens und prächtigsten Hotels der USA einen Zwischenstopp wert: des palastartigen **The Breakers** › S. 31 (www.thebreakers.com).

Echt gut!

An der Küste weiter in Richtung Norden, übt auch 40 Jahre nach der ersten Mondlandung der Weltraum immer noch eine ungebrochene Faszination aus, die man in ****Cape Canaveral** › S. 115 hautnah erleben kann.

Nach so viel moderner Realität wirkt die Kunstwelt von **Orlando** › S. 112 noch skurriler als ohnehin. Wer nach der dortigen Dauerbespaßung Entzugserscheinungen bekommt, besucht in **Tampa** den Vergnügungspark **Busch Gardens Africa** › Special S. 24.

Gelegenheit, die Eindrücke auf sich wirken zu lassen, gibt es an den Stränden der Westküste, zum Beispiel denen von **Clearwater Beach** › S. 118. Weiter an der Westküste Floridas laden unzählige Küstenorte zum Aufenthalt ein. Trotzdem gibt es noch den einen oder anderen Geheimtipp, so zum Beispiel die idyllische Insel **Sanibel** › S. 119 bei **Fort Myers**.

In **Naples** heißt es Abschied zu nehmen von der Westküste. Der Rückweg nach **Miami** führt über den Highway 41, auch **Alligator Alley** genannt. In den Sümpfen rechts und links der Fahrbahn sieht man den Grund für den Spitznamen.

## Hemingway und Humphrey Bogart

**(14) Miami › Florida City/**Everglades National Park › Key Largo › Key West › Miami**

**Länge:** 4 Tage/500 km
**Praktische Hinweise:** Auch wenn die gut 200 Kilometer nach US-Maßstäben Kurzstrecke sind, ist der die Tour von Miami angesichts zahlreicher Ortsdurchfahrten und Brückenquerungen in weniger als vier Stunden einfach nicht zu schaffen. Deshalb sollte man – auch angesichts der Attraktionen unterwegs – eine oder zwei Übernachtungen in Key West unbedingt einplanen.

(13) Tour: **Sonne, Spaß und Strände** **Miami › Fort Lauderdale › Palm Beach › Kennedy Space Center › Orlando › Tampa › Clearwater Beach › Fort Myers › Naples › Alligator Alley › Miami**

(14) Tour: **Hemingway und Humphrey Bogart** **Miami › Florida City/ Everglades National Park › Key Largo › Key West › Miami**

New Orleans
Atlanta
Georgia
Apalachicola
Thomasville
Tallahassee
Waycross
Valdosta
Port St. Joe
Apalachicola
Okefenokee N.W.R.
Brunswick
Perry
Suwannee
Fernandina Beach
Lake City
Jacksonville
Chiefland
Starke
Gainesville
St. Augustine
St. Johns
Cedar Key
Palatka
Golf von Mexiko
Crystal River
Ocala
Palm Coast
Ormond Beach
Florida
Daytona Beach
Brooksville
Apopka
Sanford
Clearwater Beach
Clearwater
Walt Disney World
Orlando
Tampa
Titusville
St. Petersburg
Brandon
Lakeland
Kissimmee
Kennedy Space Center
Haines City
Cape Canaveral
Bradenton
Lake Wales
Sarasota
Melbourne
Florida's Turnpike
Arcadia
Sebring
Vero Beach
Boca Grande
Fort Pierce
Okeechobee
Captiva
Cape Coral
Sanibel Island
Fort Myers
Lake Okeechobee
Stuart
Ft. Myers Beach
Clewiston
Pahokee
Naples
Jupiter
Immokalee
Belle Glade
West Palm Beach
Palm Beach
Boca Raton
Everglades City
Ft. Lauderdale
Hollywood
Everglades
Miami
Miami Beach
Homestead
N.P.
ATLANTISCHER OZEAN
Marquesas Keys
Key West
Flamingo
Florida City
Florida
Marathon
Islamorada
Key Largo
0 50 Meilen
0 50 Kilometer
N

Key West ist die westlichste der Keys, einer Gruppe von unglaublichen 1700 Eilanden, gleichzeitig auch die südlichste, die mit dem Auto zu erreichen ist. Die Fahrt führt über den **Overseas Highway,** mit fantastischen Ausblicken auf die Inselwelt.

Echt gut!

Bevor es von **Miami** › S. 109 aus in Richtung Keys losgeht, gilt es, einen Abstecher nach **Florida City** und dort zum ****Everglades National Park** › S. 110 zu machen. Hier bekommt man einen unverfälschteren Einblick in das einmalige Ökosystem als bei vielen der rund um das Schutzgebiet angebotenen kommerziellen Everglades-Touren.

Von den zahllosen Keys, die man unterwegs passiert, klingt einer bei Filmfreunden besonders nach – auch wenn »Gangster in Key Largo« mit Humphrey Bogart im Studio gedreht wurde. Heute ist **Key Largo** eine Urlaubsdestination, besonders für Taucher. Zu entdecken gibt es unzählige Schiffswracks und eigens versenkte Schiffe. Das örtliche Touristenbüro stellt den Kontakt zu Tour-Anbietern her (Meilenstein 106 am Hwy. 1, Tel. 800/822-1088, http://fla-keys.com/keylargo).

Am farben- und lebensfrohen Ziel ****Key West** › S. 110 schließlich wähnt man sich in jeder Hinsicht schon in der Karibik.

# Unterwegs in Florida

## Miami Beach und Miami

Bienvenidos a Miami! Nein, man hat sich nicht verfahren und befindet sich immer noch in den USA. Denn aufgrund der stetigen Einwandererströme insbesondere aus Kuba sprechen Schätzungen zufolge inzwischen mehr als die Hälfte der 404 000 Stadtbewohner vorrangig spanisch. Dieser Umstand hat Miami auch den Spitznamen »Nördlichste Stadt Kubas« eingebracht. Während es hier eher geschäftig zugeht, zieht es Touristen in der Regel zuerst nach Miami Beach.

### Miami Beach 1

Prunkstück der selbstständigen Stadt (88 000 Einw.) an der Ostseite der Biscayne Bay, dem Urlauberdorado der Staaten, ist der zwischen der 5. und 23. Straße liegende ****Art Déco District.** Das **Art Déco Welcome Center** hält dazu nach seiner abgeschlossenen Renovierung wieder Informationsmaterial bereit (1001 Ocean Dr.; Adressen temporärer Infobüros unter www.mdpl.org).

Den Bummel durch den Bezirk kann man gut am **Ocean Drive** ausklingen lassen, der Strandpromenade mit besonders schönen Häusern, an der Tag und Nacht das Leben pulsiert.

Echt gut

Der Ocean Drive im Art Déco District von Miami Beach

## Miami 2

Einigkeit herrscht bei den Besuchern darüber, welches die interessanteste Adresse in Downtown Miami ist: **Bayfront Park,** eine Grünanlage direkt am Ufer der Biscayne Bay, deren Mittelpunkt der **Bayside Marketplace** einnimmt, ein Shopping-, Restaurant- und Nightlife-Komplex.

Eher in Florenz als in Miami würde man die **Villa Vizcaya** vermuten, einen Palast im Renaissancestil inmitten einer herrlichen Gartenanlage (3251 S. Miami Ave., www.vizcayamuseum.org).

Um eine der populärsten Attraktionen Miamis zu besuchen, muss man auf die kleine Insel Virginia Key fahren: Hier befindet sich das ***Miami Seaquarium,** das angeblich größte Seewasseraquarium der Welt (4400 Rickenbacker Cswy., www.miamiseaquarium.com; tgl. 9.30 bis 18 Uhr; 36 $, Kinder 27 $).

Zurück in der Stadt, sollte man sich zwei Bezirke nicht entgehen lassen: **Coconut Grove,** das einstige Künstlerviertel mit verwinkelten Straßen, spanisch anmutenden Häusern und gemütlichen Lokalen (Grand Ave./Main Hwy.), und Little Havana, die kubanische Enklave mit karibischer Atmosphäre an der S.W. 8th Street, die unter dem Namen **Calle Ocho** bekannt ist.

### Info

■ **Greater Miami Convention & Visitors Bureau**
**701 Brickell Ave., Suite 2700**
**Miami, FL 33131**
**Tel. (305) 539-3000**
**www.miamiandbeaches.com**
Visitor Center im Bayside Marketplace.

■ **Miami Beach Visitor Center**
**1920 Meridian Ave.**
**Miami Beach, FL 33139**
**Tel. (305) 672-1270**
**www.miamibeachchamber.com**

**Hotels**

■ **InterContinental**
**100 Chopin Plaza, Miami**
**Tel. (305) 577-1000**
**www.icmiamihotel.com**
Wer unbedingt in Downtown wohnen will, ist hier richtig, und nicht im angesagten Miami Beach. Traumhafter Blick auf die Biscayne Bay. ●●●

■ **Indian Creek Hotel**
**2727 Indian Creek Dr., Miami Beach**
**Tel. (305) 531-2727**
**www.indiancreekhotel.com**
Kleines Art-déco-Hotel, das den Charme von Key West nach Miami Beach holt. ●●

**Restaurants**

■ **Joe's Stone Crab Restaurant**
**11 Washington Ave., Miami Beach**
**Tel. (305) 673-0365**
**www.joesstonecrab.com**
Auf der Karte überwiegt – wen wundert's – Seafood aller Art. Aber auch Steakfreunde kommen auf ihre Kosten. ●●●

■ **Versailles**
**3555 S.W. 8th St., Miami**
**Tel. (305) 440-0240**
Der Name lässt es zwar nicht vermuten, aber hier gibt es preiswerte kubanische Küche an der Calle Ocho. ●

## 7 **Everglades National Park 3

Eines der schönsten, aber auch labilsten Ökosysteme Amerikas beginnt gleich hinter den westlichen Vororten von Miami: die Everglades, ein riesiges Sumpfgebiet, das vor dem Eingriff des Menschen einst den gesamten Süden Floridas bedeckte. Nachdem zu Anfang des 20. Jhs. große Teile davon trockengelegt und so für den Obst- und Zuckerrohranbau gewonnen wurden, ist das Feuchtgebiet mit seinen endlos scheinenden Schilfgrasflächen und seinem Mangrovengürtel nur noch 80 km breit und 160 km lang. Aber selbst dieses kleine Naturparadies, das Lebensraum für bedrohte Spezies wie Alligatoren und Krokodile, Seekühe und Florida-Panther sowie eine reiche Vogel- und Fischwelt bietet, ist gefährdet – obwohl es seit 1947 als Nationalpark ausgewiesen ist und seit 1979 zum UNESCO-Weltnaturerbe zählt.

Der Haupteingang des Parks befindet sich etwa 60 km westlich von Miami hinter **Florida City** an der SR 9336. Die Straße führt vorbei am Besucherzentrum (Tel. 305/242-7700, www.nps.gov/ever; tgl. 8–17 Uhr) mehr als 60 km in den Park hinein bis nach **Flamingo.** Die ganze Strecke sollte man jedoch nur auf sich nehmen, wenn man plant, in Flamingo an einer Bootstour teilzunehmen oder ein Kanu zu mieten.

## **Key West 4

Was für den Europäer die Kanaren oder die Balearen sind, ist für den Nordamerikaner die Karibik. Diese erreicht man sogar mit dem Auto auf dem Overseas Highway, der – begleitet von herrlichen Ausblicken auf die Florida Keys – nach Key West führt, die einzige karibische Insel auf US-Gebiet.

Karte Seite 107

Abendstimmung an der Duval Street in Key West

Key West ist bekannt für seine Karibikstimmung rund ums Jahr, die schon Ernest Hemingway und Tennessee Williams anlockte. Auf den Spuren des ersten wandelt man im **Ernest Hemingway Home and Museum**, einem Anwesen aus dem Jahr 1851, das für »Papa«, wie er auf Key West liebevoll genannt wird, 30 Jahre lang ein Zufluchtsort war (907 Whitehead St., www.hemingwayhome.com; tgl. 9–17 Uhr).

Hemingways sozusagen zweites Zuhause war **Sloppy Joe's Bar.** Das heutige Lokal am heutigen Standort Ecke Green und Duval Streets ist zwar nicht das, in das »Papa« seinerzeit einkehrte (das befindet sich an der 428 Green St. und heißt heute Captain Tony's), im Sloppy Joe's wird aber das Andenken an den Literaten hochgehalten, unter anderem mit einem jährlichen Hemingway-Ähnlichkeitswettbewerb.

Die **Duval Street** ist heute das touristische Zentrum von Key West, gesäumt von Dutzenden von Kneipen. Unter Duval Nr. 1400 findet man das **Southernmost House,** eines der prächtigsten Anwesen der Insel, das auch schon fünf US-Präsidenten als Bleibe schätzten. Das heutige Resort › S. 112 verdankt seinen Namen der Tatsache, dass Key West die südlichste Stadt der USA ist (und sich näher an Kuba als an Miami befindet) – wie jede Menge andere mit einem *southernmost* geadelte lokale Unternehmen.

Echt gut!

Für das Kind im Manne (und in der Frau) ist ein Besuch in **Pat Croce's Pirate Soul Museum** Pflicht. Die Piratengeschichten zu den Exponaten sind möglicherweise nicht bis zum letzten Komma wahr … (524 Front St., www.piratesoul.com; tgl. 9–19 Uhr). Ernsthaftere Naturen zieht es ins **Mel Fisher Maritime Museum** mit Preziosen aus gesunkenen spanischen Galeonen (200 Greene St., www.melfisher.org; Mo–Fr 8.30–17, Sa/So 9.30–17 Uhr).

In der charmanten Old Town sollte man sich abends zum **Mallory Square** begeben, wo jeden Tag der **Sonnenuntergang** zu einer unbeschreiblichen Party wird.

Echt gut!

## Info

**Key West Visitors Center**
508 South St.
Key West, FL 33040
Tel. (305) 296-1460
www.fla-keys.com/keywest

## Hotels

**Crowne Plaza Key West – La Concha**
430 Duval St.
Tel. (800) 745-2191
www.laconchakeywest.com
Ultimativen Luxus in nostalgischem Ambiente bietet dieses stilvoll-elegant ausstaffierte Hotel. ●●●

**Southernmost House**
1400 Duval St.
Tel. (305) 296-3141
www.southernmosthouse.com
Komfort und Nostalgie in einem prächtigen Anwesen von 1896. ●●●

**The Popular House**
415 William St.
Tel. (800) 438-6155
www.keywestbandb.com
Denkmalgeschütztes viktorianisches B & B in Old Town mit kunstvoll eingerichteten Zimmern. ●●

## Restaurants

**Nine One Five**
915 Duval St.
Tel. (305) 296-0669
Auf der Terrasse des viktorianischen Anwesens lässt sich ein Tag in Key West stilgerecht beenden. Amerikanische moderne Küche. ●●●

**Mangia, Mangia**
900 Southard St.
Tel. (305) 294-2469
Die Besitzer dieses Restaurants nennen es ein »Pasta-Café«, auf den Tisch kommen v.a. riesige Nudelgerichte. ●●

# Orlando 5

Orlando, die Heimat von Mickey Mouse, war bis in die 1960er-Jahre hinein ein verschlafenes Provinznest. Doch dann zog der Disney-Konzern südwestlich von Orlando (220 000 Einw.) einen Riesenvergnügungspark hoch und siedelte auch seine Firmenzentrale hier an.

## 8 ***Walt Disney World

Für viele ist Orlando das Synonym für Walt Disney World, das aus vier großen Parks besteht. Zum 1971 eröffneten Magic Kingdom gesellten sich im Jahre 1982 das Epcot Center, 1989 die Disney-MGM-Studios (2008 umbenannt in Disney Hollywood Studios) und 1998 Animal Kingdom.

Fast alle Besucher zieht es zuerst ins **Magic Kingdom.** Fähren oder die Einschienenbahn Monorail bringen die Besucher vom Parkplatz zum Haupteingang. Der Weg im Innern des riesigen Parks führt über die Main Street, eine nachgebaute US-Stadt des frühen 20. Jhs., zum Cinderella Castle, von wo aus sich der Besucher-

Islands of Adventure befindet sich gleich neben den Universal Studios

strom je nach Interesse in die sechs Teilparks verteilt.

Im **Epcot Center** durchwandert man zunächst eine Art Industrieausstellung rund um das Spaceship Earth. Im World Showcase präsentieren sich gut ein Dutzend Länder. In den **Disney Hollywood Studios** dreht sich alles rund um das Thema Film, Attraktion ist der Tower of Terror, bei dem man mit einem Fahrstuhl 13 Stockwerke in die Tiefe stürzt. Beim **Animal Kingdom** handelt es sich schließlich um eine Art Freiluft-Zoo, unter anderem mit Safari und originaler Flora und Fauna aus Afrika und Asien.

!! Alle vier Walt Disney World Resort Themeparks sind täglich mindestens 9–19 Uhr geöffnet; Tageskarte pro Park Erwachsene 71 $, Kinder bis 9 Jahre 60 $, auch 3- bis 7-Tage-Tickets erhältlich. Infos: Tel. (407) 939-6244, http://disneyworld.disney.go.com.

## **Universal Studios und **SeaWorld

In puncto Unterhaltung hat die Comicmaus einen harten Konkurrenten: die **Universal Studios Florida.** Beim Ableger der Gesellschaft aus Hollywood erfährt man alles über das Filmemachen, insbesondere über Spezialeffekte. 1999 eröffneten die Studios gleich nebenan einen riesigen Themenpark, **Islands of Adventure,** der so gut konzipiert ist, dass erstmals auch die berühmte Maus ins Zittern kommt (1000 Universal Studios Plaza, www.universalorlando.com; tgl. 9–21 Uhr; Tageskarte für beide Parks Erw. ab 79,99 $, Kinder bis 9 J. 72,95 $).

Wesentlich weniger nervenaufreibend, aber nicht minder unterhaltsam geht es in der riesigen **SeaWorld Orlando** zu, wo dressierte Meerestiere – Orcas, Delfine, Seelöwen und Pinguine – die Stars sind. Angeschlossen ist

Walt Disney's Mickey Mouse

Echt gut!

## Vergnügungsparks in Orlando

Im Sog der »Großen« versuchen in Orlando unzählige andere Freizeit- und Themenparks ihr Glück, darunter fallen auch einige aus dem Rahmen:

- In **Gatorland** kann man, wenn man denn mutig genug ist, auf einem echten Krokodil sitzen (14501 S. Orange Blossom Trl., Tel. 407/855-5496, www.gatorland.com).
- **Harry P. Leu Gardens** zeigt, dass man in Orlando mit allem rechnen muss, auch mit einem Tropengarten (1920 N. Forest Ave., Tel. 407/246-2620, www.leugardens.org).
- Immer nur zuschauen ist langweilig, dachten sich die Betreiber von **Fun Spot Action Park** – und bieten unter anderem Go-Kart-Rennen an (5551 Del Verde Way, Tel. 407/363-3867, www.fun-spot.com).
- **Pirate's Dinner Adventure** lädt dazu ein, sich einen Abend lang wie ein Seeräuber zu benehmen (6400 Carrier Dr., Tel. 407/248-0590, www.piratesdinneradventure.com).

**Aquatica,** ein Wasserpark in Form einer Südseeinsel (7007 Seaworld Dr., www.seaworld.com; tgl. 9–19 Uhr; Tageskarte Erwachsene 69,95 $, Kinder 59,95 $).

### Info

- **Orlando CVB Visitor Center**

**8723 International Drive, Suite 101**
**Orlando, FL 32819**
**Tel. (407) 363-5872**
**www.orlandoinfo.com**
Tgl. 8.30–18:30 Uhr.

### Hotels

- **Disney's Port Orleans Resort French Quarter**

**2201 Orleans Dr.**
**Tel. (407) 934-5000**
**http://disneyworld.disney.go.com**
Großzügig angelegtes Hotel im Disney-World-Komplex, inspiriert vom Original in Louisiana; 6 Pools, Shuttles zu den Attraktionen. ●●●

- **Holiday Inn Universal Studios**

**5905 S. Kirkman Rd.**
**Tel. (407) 351-3333**
**www.hiuniversal.com**
Modernes Hotel an den Universal Studios, nahe dem International Drive. Preiswerte, geräumige Familienzimmer, Suiten mit Küche. ●●

### Restaurant

- **Friday's Front Row Sports Grill**

**8126 International Dr.**
**Tel. (407) 363-1414**
Für Leute, die beim Essen gerne fernsehen: 86 TV-Geräte erfüllen jeden Wunsch. ●●

### Nightlife

Am Abend geht der Spaß in Disney's eigener Welt weiter. In **Downtown**

Karte Seite 107

Cape Canaveral: Blick in die Geschichte der amerikanischen Raumfahrt

Disney gibt es eine riesige Auswahl von Geschäften und Restaurants, ein Kino mit 24 verschiedenen Sälen – und eine speziell für die Mäuse-Company kreierte Show des Cirque du Soleil: »La Nouba«.

## **Cape Canaveral 6

Die NASA gab dem Besucherzentrum des Weltraumbahnhofs Cape Canaveral an der SR-405 den vergnügungsparkwürdigen Namen **Spaceport, USA.** Von hier aus startete der erste Amerikaner ins All, machte sich Neil Armstrong auf den Weg zum Mond und starten immer noch Raketen und Space Shuttles ins Weltall. Und auch die Besucher lässt die NASA an den Sternen schnuppern.

Der Zutritt zum **Kennedy Space Center Visitor Complex** ist gratis. Die **Kennedy Space Center Tour** an Bord eines klimatisierten Busses zeigt den Besuchern das restliche Gelände und führt unter anderem vorbei am Apollo/Saturn V Center, das Teile der Saturn V Mondrakete beherbergt und die Geschichte der Mondlandung von 1969 unter Zuhilfenahme multimedialer Einrichtungen erzählt. Zusätzlich zur Tour erlaubt das Ticket den Besuch beliebig vieler IMAX-Filme an einem Tag (www.kennedyspacecenter.com; tgl. 9–17.30, im Sommer länger, letzte Tour 14.15 Uhr, 2–2,5 Std.; Erw. 38 $, Kinder 28 $).

Echt gut!

Am Rande von Cape Canaveral befindet sich die **US Astronaut Hall of Fame** (6225 Vector Space Blvd.).

## Daytona Beach 7

Die Motorsport-Stadt Daytona Beach (64 500 Einw.) ist ein Muss für alle PS-Fans. Das Museum **Daytona USA** auf dem Gelände des Speedway ist zu einem Themenpark getunt worden. Auf der Originalstrecke des Daytona 500-Rennens kann man einige Runden bei Höchstgeschwindigkeit drehen, als Beifahrer oder für richtig viele Dollar auch als Fahrer am Steuer eines Rennboliden. Ruhigere Zeitgenossen nehmen an einer Tour hinter die Kulissen teil (Daytona USA, 1801 W. Daytona International Speedway, Daytona Beach, www.daytonausa.com; 9–19 Uhr, Touren bis 17.30 Uhr). Und wer dann noch nicht genug hat, kann mit seinem Auto gegen Entgelt sogar in Bereichen den breiten **Sandstrand** von Daytona Beach befahren.

**!** Richtig Gas geben – im übertragenen Sinn – die Studenten aus ganz Amerika während der Daytona Beach Spring Break zwischen Ende Februar und Mitte April. Die Jugend des Landes feiert dann ausgelassen rund um die Uhr. Als Nicht-Student sollte man zu dieser Zeit das seltsame Ballyhoo höchstens aus sicherer Entfernung anschauen.

### Info

**Daytona Area Convention & Visitors Bureau**
126 E. Orange Ave.
Tel. (800) 544-0415
Daytona Beach, FL 32114
www.daytonabeach.com

## St. Augustine 8

Das idyllische St. Augustine (11 600 Einw.) gilt als älteste ununterbrochen bewohnte Ansiedlung der USA. Hier betrat der spanische Eroberer Ponce de León 1513 erstmals amerikanischen Boden. 52 Jahre später gründeten seine Landsleute eine Siedlung.

Auf dem Weg zum historischen Ortskern kommt man am originalen ***Ripley's Believe It Or Not! Museum** vorbei. Zu bestaunen gibt es makabre Kuriositäten wie ein Schaf mit zwei Köpfen oder einen Mann mit Nagel im Schädel (19 San Marco Ave., www.staugustine-ripleys.com; tgl. 9–19, Fr/Sa bis 20 Uhr).

Vorbei am 1672–1695 aus weißem Muschelkalkstein gebauten Fort **Castillo de San Marcos** führt der Weg in die historische Altstadt, deren **malerische St. George Street** zurück ins 17. Jh. versetzt. Das windschiefe **Wooden School House** macht nicht den Eindruck, als könne es Wind und Wetter trotzen. Dennoch steht die Schule hier schon seit mehr als 200 Jahren (14 St. George St.). Echt gut!

Die sich anschließende Gruppe restaurierter Häuser bildet das ***Restored Spanish Quarter Museum,** in dem kostümierte Führer das spanische Kolonialleben nachspielen (33 St. George St.). Jenseits der **Cathedral of St. Augustine** (40 Cathedral Place), der ältesten katholischen Pfarrei Amerikas von 1797, liegt das **Oldest Store Museum** (4 Artillery Ln.), ein restaurierter Krämerladen mit Waren des späten 19. Jhs. (www.historicstaugustine.com).

Abendspaziergänge der besonderen Art sind die immer populäreren **Ghost Tours** durch St. Augustine mit historisch gekleidetem Führer, bei denen einem mysteriöse Gestalten begegnen. Die Touren beginen um 20 und 21.30 Uhr am Nordende der St. George St. (Tel. 888/461-1009, www.aghostlyexperience.com; auch 1-stündige nächtliche Geister-Segeltörns).

**Info**

■ **Visitor Information Center**
10 Castillo Dr.
Tel. (904) 825-1000
St. Augustine, FL 32084
www.getaway4florida.com

**Hotel**

■ **Howard Johnson Express**
137 San Marco Ave.
Tel. (904) 824-6181
www.hojo.com
Einfaches, preiswertes Hotel, um eine 500 Jahre alte Eiche herum erbaut. ●

**Restaurant**

■ **Columbia Restaurant**
98 St. George St.
Tel. (904) 824-3341
Touristisch angehaucht im historischen Stadtkern. Spanische Küche. ●●

## St. Petersburg/ Clearwater

Die Region St. Petersburg/Clearwater auf der in die Tampa Bay hineinragenden Pinellas-Halbinsel gehört zu den Top-Destinationen an Floridas Westküste – kein Wunder, vereint sie doch Sonne und **preisgekrönte Sandstrände** Echt gut! mit urbanem Leben und einem breiten kulturellen Angebot.

Wooden School House in St. Augustine

### St. Petersburg 9

Die Großstadt (250 000 Einw.) an der Tampa Bay, kurz »St. Pete« genannt, ist das wirtschaftliche und kulturelle Zentrum der Region, aber auch das Strandangebot kann sich sehen lassen. Museums-Highlights sind das **Salvador Dalí Museum,** das angeblich die größte Sammlung an Werken des Künstlers besitzt (1000 3rd St. S., Tel. 727/823-3767, www.salvadordalimuseum.org; tgl. 9.30 bis 17.30, Di bis 20, Fr bis 18.30, So 12–17.30 Uhr), sowie das **Museum of Fine Arts** mit einer Sammlung von Kunst der Antike bis zur amerikanischen Malerei des 20. Jhs. (255 Beach Dr. N.E., Tel. 727/896-2667, www.fine-arts.org; Di–Sa 10–17, So 13–17 Uhr).

Karte
Seite 107



Ein Wahrzeichen von St. Pete und ein Besuchermagnet zum Shoppen und Dinieren ist **The Pier,** mit einem futuristischen Gebäude in Form einer umgedrehten Pyramide (www.stpetepier.com).

Abends trifft man sich im **BayWalk,** einem Open-Air-Shopping- und Unterhaltungskomplex (www.yourbaywalk.com).

## Clearwater Beach 10

Der Name ist hier Programm: In Clearwater Beach, nur wenige Meilen von St. Pete entfernt und durch die **Memorial Causeway Bridge** mit Downtown Clearwater verbunden, erstrecken sich über eine Länge von 4 Kilometern herrliche Sandstrände – und das Meerwasser ist hier tatsächlich glasklar. Kein Wunder, dass Clearwater Beach regelmäßig in der Liste der schönsten US-Strände ganz weit oben auftaucht. Berühmt ist der Badeort auch für eine angebliche Rekordzahl von 361 Sonnentagen im Jahr. Dreh- und Angelpunkt des Ortes ist **Pier 60,** wo es einen Spielplatz für Kinder und die Möglichkeit zum Fischen gibt. Abends treffen sich Einheimische und Besucher hier, um den spektakulären Sonnenuntergang zu genießen.

### Info

■ **St. Petersburg/Clearwater Area Convention & Visitors Bureau**
**13805 58th Street North, Suite 2-200**
**Clearwater, FL 33762**
**Tel. (727) 464-7200**
**www.floridasbeach.com**

### Hotels

■ **Sheraton Sand Key Resort**
**1160 Gulf Boulevard, Clearwater Beach**
**Tel. (727) 595-1611**
**www.sheratonsandkey.com**
Direkt am feinsandigen Strand gelegenes Resorthotel mit allen Annehmlichkeiten auch für einen längeren Aufenthalt. ●●●

■ **Plaza Beach Resort**
**4506 Gulf Blvd., St. Pete Beach**
**Tel. (727) 367-2791**
**www.plazabeach.com**
Für Strandurlauber konzipiertes Hotel mit Küche im Zimmer, großen Fernsehern und Waschgelegenheiten. ●●

### Restaurants

■ **Mirage Restaurant**
**2284 Gulf To Bay Blvd., Clearwater**
**Tel. (727) 724-3604**
Persisch-mediterrane Küche, üppige Büffets. ●●

■ **Dockside Dave's Grill**
**7141 Gulf Blvd., St. Pete Beach**
**Tel. (727) 360-4200**
Einfaches Fischlokal, berühmt für seinen frittierten Zackenbarsch. ●

## Fort Myers 11

Fort Myers galt schon vor den Zeiten des Massentourismus als idealer Ort, um bei angenehmen Temperaturen den Winter zu verbringen. Die Ferienhäuser der prominentesten Kälteflüchtlinge, Thomas Edison und Henry Ford, sind inzwischen als Museen unter dem gemeinsamen Namen **Edison & Ford Estates** hergerichtet (2350 McGregor Blvd., Tel. 239/334-7419, www.efwefla.org).

Karte Seite 107

Sanibel Island hat fantastische Strände mit strahlend weißem Sand

Die **Shell Factory** beherbergt angeblich die größte Muschelsammlung der Welt (2787 North Tamiami Trail, Tel. 239/995-2141, www.shellfactory.com).

## Ausflug: Sanibel 12 und Captiva 13

Wer sich seine Muscheln lieber selber sammelt, sollte sein Glück auf **Sanibel** versuchen, der idyllischen Insel, die mit dem anhängenden kleineren Eiland **Captiva** einen Hort der Ruhe bildet und so ganz nebenbei auch noch über mehr als 20 Kilometer fantastische Strände verfügen. Im **J. N. »Ding« Darling National Wildlife Refuge** lässt sich so gut wie sonst nirgendwo die üppige Tierwelt Floridas beobachten. 238 verschiedene Vogel-, 50 Reptilien- und 32 Säugerarten haben hier ihre Heimat (Sanibel, www.fws.gov/dingdarling; tgl. außer Fr 7.30 Uhr bis 30 Minuten vor Sonnenuntergang, Education Center 9–16, im Sommer bis 17 Uhr).

Echt gut!

### Info

■ **Lee County Visitor & Convention Bureau**
12800 University Drive, Suite 550
Fort Myers, FL 33907
Tel. (800) 237-6444
www.fortmyers-sanibel.com

### Hotel

■ **Sanibel Harbour Resort and Spa**
17260 Harbour Pointe Dr.
(866) 283-3273
www.sanibel-resort.com
Modernes, familienfreundliches Resort mit historischen Wurzeln in schöner Lage auf Sanibel Island, in einer 20 ha großen Gartenanlage. ●●●

# Die Südstaaten

## Nicht verpassen!

- Ein Beignet und einen Café au Lait im Café du Monde von New Orleans genießen
- Ein Ausflug in die geheimnisvollen Sumpflandschaften der Bayous
- In Graceland, dem Anwesen des »King«, auf Elvis' Spuren wandeln
- Im altehrwürdigen Peabody Hotel von Memphis den berühmten Einmarsch der Enten erleben
- Eine Coke-Probe in der World of Coca-Cola in Atlanta, der Stadt, in der die Brause erfunden wurde

Karte
Seite 122

# Zur Orientierung

Bei dem Stichwort »Südstaaten« laufen ganze Filme im Kopf ab: Jahrhundertealte Herrenhäuser auf riesigen Anwesen, noble Restaurants, in denen sich träge die Ventilatoren über den Köpfen der Gäste drehen, der sich durch die Landschaft schlängelnde Mississippi … Während viele dieser Bilder im wahrsten Sinne des Wortes vom Winde verweht sind, findet der Besucher dennoch Landstriche und Städte, die diesen Vorstellungen entsprechen. Der Spagat zwischen Tradition und Moderne gelingt den Südstaaten ausgesprochen gut. Obwohl ihre Sezessionsbestrebungen vor knapp 150 Jahren in einen Bürgerkrieg ausuferten und letztlich scheiterten, haben sich die ehemals »Konföderierten Staaten« ihre Eigenwilligkeit bewahrt, fast trotzig wird die Südstaatenflagge an den Häusern gehisst.

Tatsächlich sind, das merkt der Reisende schnell, die Südstaaten ein anderes Amerika. Das alte Prinzip der Gastfreundschaft wird hier besonders hochgehalten, die Einwohner sind neugierig und wollen mit dem Besucher ins Gespräch kommen. Sowohl landschaftlich als auch historisch hat der »Deep South USA« östlich des Mississippi mit den Bundesstaaten Louisiana, Mississippi, Tennessee, Alabama, Georgia und South Carolina so viel zu bieten, dass es für mehrere Urlaube reichen würde. Sei es in dem oft wie eine Filmkulisse wirkenden »Big Easy« New Orleans, in der Rock 'n' Roll- und Blues-Metropole Memphis, in der Country-Hochburg Nashville, in Atlanta, der Stadt des Bürgerrechtlers Martin Luther King, oder irgendwo auf dem Land, bei einem leckeren Abendessen nach Südstaatenart auf einer romantischen Terrasse.

Die prächtige Oak Alley Plantation mit ihrer namensgebenden Allee

## Touren in der Region

### Höhepunkte der Südstaaten

**15 New Orleans › Vacherie › Baton Rouge › Natchez › Vicksburg › Memphis › Nashville › Chattanooga › Atlanta › Montgomery › Mobile › New Orleans**

**Länge:** 14 Tage/2300 km
**Praktische Hinweise:** Für Fans des »King« ist die jährlich im August in Memphis stattfindende Elvis Week ein Muss (www.elvisweek.com).

Von ****New Orleans** › S. 124 aus nach Westen beginnt die Fahrt auf dem Highway 18, an dem man mit **Laura**, ***Oak Alley** und ****Nottoway** › S. 127/128 auf ein

Dreigestirn der beeindruckendsten Südstaaten-Plantagen trifft.

Weiter geht der Weg über Louisianas Hauptstadt **Baton Rouge,** mit seinem imposanten State Capitol nach ***Natchez** › S. 128, die frühere Millionärshauptstadt von Mississippi. Der Bürgerkrieg ist Thema im National Military Park der einst umkämpften Kleinstadt **Vicksburg** › S. 129, während mit **Tunica** ein Vergnügungsort in Las-Vegas-Manier kurz vor **Memphis** › S. 130 lockt. Hier liegt nicht nur wegen des King of Rock 'n' Roll, Elvis Presley, Musik in der Luft, ebenso wie in ***Nashville** › S. 131, der Country-Hauptstadt und dem nächsten Tourenziel.

In **Chattanooga** › S. 133 spielen Musik und Eisenbahn touristisch eine Rolle – bekannt wurde der Ort durch den Glenn-Miller-Song »Chattanooga Choo-Choo«.

**Atlanta** › S. 133 mag auf den ersten Blick etwas verschlafen wirken, aber dieser Eindruck täuscht. Der Weltkonzern Coca-Cola hat hier ebenso seinen Hauptsitz wie der Nachrichtensender CNN. **Montgomery** › S. 135 steht sinnbildlich für die Anfänge der afroamerikanischen Bürgerrechtsbewegung.

In **Mobile,** wo sich ein Bummel durch den Oakleigh Historic District lohnt, nähert man sich nicht nur der Golfküste, sondern auch dem Ende dieser Reise.

An der Küste entlang geht es über **Biloxi** und **Gulfport** zurück nach New Orleans.

Karte Seite 122

## Plantagen und Herrenhäuser

**16 New Orleans › Laura Plantation › Oak Alley Plantation › Nottoway Plantation › Rosedown Plantation › Rosewood Plantation › Natchez › New Orleans**

**Länge:** 5 Tage/585 km
**Praktische Hinweise:** Die meisten der Plantagen bieten auch Gästezimmer. In Natchez stehen während der Spring und Fall Pilgrimage viele Anwesen zur Besichtigung offen.

Wer sozusagen ein »Best Of« der berühmten Südstaaten-Plantagen erleben will, hat es von New Orleans nicht weit. Am Highway 18 befinden sich die schönsten Exemplare der Antebellum-Zeit aufgereiht wie an einer Perlenschnur bis Natchez.

Schon kurz hinter ****New Orleans** › S. 124 erreicht man die wohl schönsten Südstaaten-Plantagen › S. 127: **Laura, *Oak Alley** und als weitere Steigerung ****Nottoway Plantation.** Die beiden nächsten Attraktionen präsentieren sich trotz ähnlicher Namen äußerst unterschiedlich: **Rosedown Plantation** ist eine besonders gut rekonstruierte Südstaaten-Plantage (12501 Hwy. 10, St. Francisville, Tel. 225/635-3332; tgl. 9–17 Uhr). **Rosewood Plantation** hingegen ist das Herrenhaus einer einstigen Plantage, in dem vier Gästezimmer unter dem Namen »Rosswood« vermietet werden (2513 Red Lick Road, Lorman, Tel. 601/437-4215, www.rosswood.net; März–Nov., ●●).

Echt gut!

Höhepunkt der Tour ist dann ***Natchez** › S. 128 mit seinen vielen schönen Antebellum-Anwesen. Von hier erfolgt die Rückfahrt nach New Orleans über den Highway 84 und die I-55.

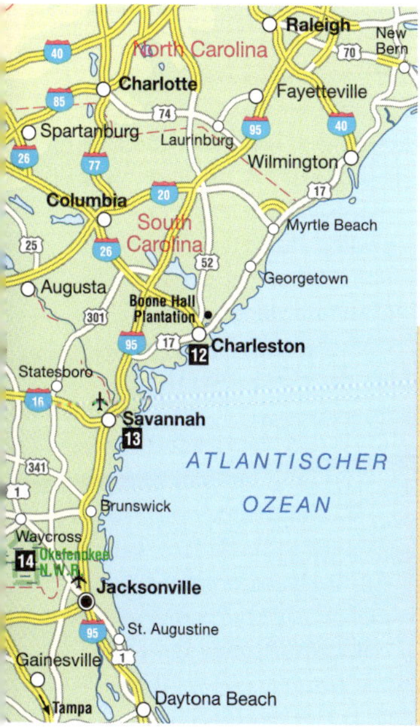


**15**

Tour: **Höhepunkte der Südstaaten**
**New Orleans › Vacherie › Baton Rouge › Natchez › Vicksburg › Memphis › Nashville › Chattanooga › Atlanta › Montgomery › Mobile › New Orleans**

**16**

Tour: **Plantagen und Herrenhäuser** **New Orleans › Laura Plantation › Oak Alley Plantation › Nottoway Plantation › Rosedown Plantation › Rosewood Plantation › Natchez › New Orleans**

# Unterwegs in den Südstaaten

## **New Orleans 1

»The Big Easy«, also etwa: die große Leichtigkeit – schon New Orleans' Spitzname zeigt, dass die Stadt so gar nicht in das Klischee amerikanischer Metropolen passen will. Die Kombination aus französischem Savoir-vivre und dem American Way of Life sorgt architektonisch, kulturell und kulinarisch für eine Mischung, die New Orleans zu einer der außergewöhnlichsten Städte des Kontinents machen. Daran konnte auch Hurrikan Katrina 2005 nichts grundsätzlich ändern. Allerdings sind einige der am stärksten in Mitleidenschaft gezogenen Bezirke, vor allem jene der ärmeren New-Orleans-Bewohner, bis heute nicht wieder aufgebaut – Gerüchte von Grundstückspekulation machen die Runde.

Im French Quarter

### 9 **French Quarter

Dreh- und Angelpunkt von New Orleans ist die Altstadt, die sich über knapp 90 Straßenblocks erstreckt. Die meisten Häuser innerhalb des *Vieux Carré* stehen hier schon seit mehr als 100 Jahren. Abends werden Teile des Viertels zur Fußgänger- und Partyzone, in der **Bourbon Street** kämpfen schon am helllichten Tag die Animateure der Stripteaselokale um Kundschaft, Bars locken hier ebenso wie in der parallel verlaufenden **Royal Street** mit Live-Jazz und Dauerparty.

Der **Jackson Square** am südlichen Rand des French Quarter ist der zentrale Platz des Viertels. Straßenmusiker, Kleinkünstler und Tarot-Kartenleser hoffen auf die Gunst der Flanierer. Aufmerksamkeit verdient die **St. Louis Cathedral** Ⓐ, die mächtige, weiß getünchte Kathedrale im spanischen Stil mit ihren drei schlanken Türmen. Seit 1794 werden hier Messen gefeiert. Linker Hand der Kirche befindet sich das **Cabildo** Ⓑ, in dem 1803 der Louisiana-Landverkauf an die USA besiegelt wurde. Heute dokumentiert hier das **Louisiana State Museum** die Stadtgeschichte (http://lsm.crt.state.la.us; Di–So 9–17 Uhr).

Am Besucherzentrum › S. 127 vorbei gelangt man zum berühmten ***Café du Monde** Ⓒ. Spezialität ist seit den 1960er-Jahren der Café au Lait, der rund um die Uhr

Echt gut

Karte Seite 125

serviert wird. Das Café ist Teil des historischen **French Market** Ⓓ, eines lang gezogenen, einstöckigen Baus, in dem seit 1812 Geschäfte gemacht werden.

Nur einen Steinwurf vom Café entfernt legt der nostalgische ***Schaufelraddampfer »Natchez«** zur Fahrt auf dem »Ole Man River« ab (Tel. 504/586-8777, www.steamboatnatchez.com; tgl. 14.30, Fr–So auch 11.30, im Sommer auch 19 Uhr). Die Natchez entlässt ihre Passagiere wieder auf die Mississippi-Uferpromenade, den **Moon Walk** Ⓔ. Ein Spaziergang in nördlicher Richtung endet am **Farmers Market** Ⓕ, wo Bauern aus dem Umland ihre Produkte verkaufen.

Echt gut!

In der **Old U.S. Mint** Ⓖ ist jetzt ein Teil des Louisiana State Museum mit einer Sammlung zur Entwicklung des Jazz untergebracht (Di–So 10–17 Uhr).

Einen Besuch wert ist **Blaine Kern's Mardi Gras World:** In den Hallen wird schon an den neuen Motivwagen für den nächsten Mardi Gras › S. 126 gearbeitet (233 Newton St., www.mardigrasworld.com; tgl. 9.30–16.30 Uhr).

Ⓐ St. Louis Cathedral
Ⓑ Cabildo
Ⓒ Café du Monde
Ⓓ French Market
Ⓔ Moon Walk
Ⓕ Farmers Market
Ⓖ Old U.S. Mint
Ⓗ Old Ursuline Convent
Ⓘ Beauregard-Keyes House
Ⓙ New Orleans Historic Voodoo Museum
Ⓚ Preservation Hall
Ⓛ Audubon Aquarium of the Americas
Ⓜ Riverwalk Marketplace

Bei den Mardi-Gras-Umzügen entdeckt man die tollsten Kostüme

## Mardi Gras – Feiern bis zum Abwinken

Wer den Namen New Orleans hört, assoziiert damit sofort den Mardi Gras, die Südstaatenvariante des Karnevals. Obwohl Mardi Gras offiziell am 6. Januar beginnt, verwandelt sich die partyerprobte Stadt besonders an den zwölf Tagen bis zum »fetten Dienstag«, der auf dasselbe Datum fällt wie der deutsche Faschingsdienstag, in ein farbenfrohes Tollhaus. Die Feierlichkeiten folgen einem strengen Protokoll. Beinahe 50 Paraden, die während dieser Zeit durch die Stadt ziehen, werden von den Karnevalsvereinen, den Krewes, organisiert. Stets führen der »König« des Vereins und eine Kapelle den Umzug an, gefolgt von etwa zwei Dutzend Motivwagen mit gigantischen satirischen Figuren (www.mardigrasneworleans.com).

Zwei stumme Zeugen des alten New Orleans findet man an der Ecke Chartres St./Ursulines Ave.: Das im französisch-kreolischen Stil erbaute **Old Ursuline Convent** **H** gilt als ältestes Haus der Region; Nonnen gründeten hier 1752 die ersten Schulen für Schwarze und Indianer.

Im 1826 errichteten **Beauregard-Keyes House** **I** schrieb die Südstaaten-Literatin Frances Parkinson Keyes (1885–1970) 40 ihrer Romane (Mo–Sa 10–15 Uhr).

Wer die Nerven hat, sich mit der unheimlichen Geschichte des Voodoo-Kults zu beschäftigen, ist im ***New Orleans Historic Voodoo Museum** **J** richtig (www.voodoomuseum.com; tgl. 10 bis 18 Uhr, Touren auch abends).

Jazz-Fans konnten aufatmen: Die angeblich dauerhafte Schließung der legendären **Preservation Hall** **K** wegen der schweren Schäden durch Hurrikan Katrina

Echt gut

ist hinfällig. Inzwischen bietet die Lokalität wieder den besten Jazz der Stadt – wie einst 1961 (726 St. Peter St., Tel. 504/523-8939, www.preservationhall.com; bei Konzerten Do–So 20–23 Uhr).

### An der Riverfront

Etwas außerhalb des alten Viertels gehören zumindest noch folgende Attraktionen in den New Orleans-Besichtigungsplan: Das ***Audubon Aquarium of the Americas** Ⓛ mit Unterwasserwelten vom Mississippi über den Amazonas bis zur Karibik in fünf Hauptausstellungshallen ist sicher eines der besten Aquarien des Landes (www.auduboninstitute.org; Di bis Fr 10–16, Sa/So 10–17 Uhr).

Ein Stück weiter am Ufer entlang kann man im **Riverwalk Marketplace** Ⓜ mit seinen über 200 Geschäften und Restaurants gut einkaufen (www.riverwalkmarketplace.com).

#### Info

■ **NOCVB Information Center**
**529 St. Ann St.**
**New Orleans, LA 70166**
**Tel. (504) 568-5661**
**www.neworleanscvb.com**

#### Verkehr

■ **Flughafen: New Orleans International Airport** (www.flymsy.com), 24 km westl., Airport-Shuttle fährt auch Hotels an (Tel. 504/522-3500).

■ **Stadtverkehr:** St. Charles Streetcar (Straßenbahn) zwischen Canal St. und Carrollton/Claiborne Aves. und Busse der **Regional Transit Authority;** Infos unter www.norta.com.

#### Hotels

■ **Bourbon Orleans Hotel**
**717 Orleans St.**
**Tel. (504) 523-2222**
**www.bourbonorleans.com**
Beliebtes Hotel, das einen ganzen Block im French Quarter einnimmt und als eines von wenigen Häusern einen Pool besitzt. Mit Millionenaufwand restauriert. ●●

■ **Ursuline Guest House**
**708 Ursulines Ave.**
**Tel. (504) 525-8509**
**www.ursulineguesthouse.com**
Bed & Breakfast in einem um 1840 gebauten Haus mitten im French Quarter. 12 gemütliche, individuell gestaltete Zimmer, nachmittags Wein und Käse im Atrium. ●●

#### Restaurants

■ **Court of Two Sisters**
**613 Royal St.**
**Tel. (504) 522-7261**
Traditionsreiches kreolisches Lokal, tgl. außer Mo Jazz-Brunch im Innenhof. ●●

■ **The Gumbo Shop**
**630 Saint Peter St.**
**Tel. (504) 525-1486**
Serviert fantastische Cajun-Küche und Seafood. *Gumbo* › S. 44 ist die Spezialität des Hauses. ●●

## Ausflüge

### Plantagen in der Umgebung

Für Experten ist **Laura,** bei der Ortschaft Vacherie, der authentischste Versuch, das Leben vor 200 Jahren zu rekonstruieren. Anders als bei den vielen Vorzeigeplantagen ist das meiste hier noch original erhalten (2247 Hwy. 18, www.lauraplantation.com; Führungen tgl. 10–16 Uhr).

Bei aller Authentizität kann Laura nicht mit der berühmten Nachbar-Plantage ***Oak Alley** 2 mithalten, deren Allee mit mächtigen Eichen dem stattlichen Anwesen den Namen gab (www.oakalleyplantation.com; tgl. 9–17, Hochsaison bis 17.30 Uhr).

Fast noch schöner ist ****Nottoway Plantation** 3 bei White Castle. Das weiße Herrenhaus bildet den Mittelpunkt der größten und elegantesten Südstaaten-Plantage. 1859 erbaut, ist es mit seinen 64 Zimmern ein gut erhaltener Zeitzeuge und fungiert heute außerdem als **nobles Bed & Breakfast** (30970 Hwy. 405, Tel. 866/527-6884, www.nottoway.com; tgl. 9–17 Uhr; B & B ●●). Echt gut!

Echt gut!

### Die schönsten Südstaaten-Plantagen

- Ein wunderschöner Klassiker der Südstaaten-Architektur ist **Auburn Plantation** in Natchez, heute National Historic Landmark und Museum (400 Duncan Ave., www.auburnmuseum.org; Di–So 11–15 Uhr).
- **Lansdowne Plantation** in Natchez ist ausgestattet mit prächtigen Möbeln und Gemälden aus der Antebellum-Zeit (17 Marshall Rd., www.lansdowneplantation.com; tgl. 13.30–16.30 Uhr).
- **Nottoway Plantation** bei White Castle ist sicher eine der elegantesten Südstaaten-Plantagen. › oben
- **Rosedown Plantation** bei St. Francisville ist eine besonders schön rekonstruierte Plantage und heute State Historic. › S. 123
- **Boone Hall Plantation** bei Charleston ist eine typische Südstaaten-Plantage, das Herrenhaus aber eine Rekonstuktion. › S. 136

### Swamps und Bayous

Nur 20 km von New Orleans entfernt beginnen schon die **Swamps** (Sümpfe und Marschen) und die **Bayous** (kleinen Flussseitenarme), die der Mississippi in seinem riesigen Delta bildet. Die Zahl der Veranstalter, die von den Vororten der Stadt aus Bootstouren organisieren, ist riesig (Adress-Links: www.neworleanscvb.com unter »Tours«). Wenn man nach einer Empfehlung für die besten Touren über die Bayous fragt, taucht immer wieder das Unternehmen **Honey Island Swamp Tours** auf. Die Betreiber rühmen sich, umweltfreundliche Ausflüge anzubieten, bei denen kundige Einheimische über die Bayous erzählen. Auf Wunsch wird man zu den Touren auch vom Hotel in New Orleans abgeholt (41490 Crawford Landing Rd., Slidell, LA 70461 Tel. 985/641-1769, www.honeyislandswamp.com). Echt gut!

## *Natchez 4

In Natchez (18 500 Einw.) wohnten vor dem Bürgerkrieg 11 der 13 Millionäre Mississippis. Mit dem Krieg verloren sie auch ihr Vermögen. Was blieb, ist eine Reihe sog. Antebellum-(Vorkriegs-)Häuser, von denen viele zu besichtigen sind. Im Frühjahr und

Karte Seite 122

Echt gut!

Herbst, während der **Spring und der Fall Pilgrimage** öffnen sich auch die Tore der Anwesen, die sonst das Jahr über verschlossen bleiben (jeweiliger Termin unter www.natchezpilgrimage.com).

Das Indianermuseum **Grand Village of the Natchez Indians,** wo auch traditionelle Powwows stattfinden, wurde auf einem der Hügel gebaut, in denen der Stamm seine Häuptlinge bestattete (http://mdah.state.ms.us, 400 Jefferson Davis Blvd.; Mo–Sa 9–17, So 13.30–17 Uhr).

## Info

■ **Natchez Visitor Reception Center**
640 S. Canal St.
Natchez, MS 39120
Tel. (601) 446-6345 oder
(800) 647-6724
www.visitnatchez.com

## Hotel

■ **Monmouth Plantation**
36 Melrose Dr.
Tel. (601) 442-5852
www.monmouthplantation.com
Die herrschaftliche Villa aus dem Jahr 1818 bietet im opulenten Antebellum-Stil eingerichtete Zimmer – wie einst auch mit Himmelbetten. ●●

## Restaurant

■ **Carriage House**
401 High St.
Tel. (601) 445-5151
www.stantonhall.com
Wegen des historischen Ambientes im Anwesen Stanton Hall in Kombination mit traditioneller Südstaatenküche zu Recht das beliebteste Restaurant von Natchez. ●●

Alligatoren begegnet man auf einer Swamp-Tour häufig

# Vicksburg 5

Die kleine Stadt Vicksburg (26 000 Einw.) am Mississippi hat die traurige Ehre, gleichsam Synonym zu sein für die Grausamkeiten des Krieges. Neun Monate lang wurde der strategisch wichtige Posten während des Bürgerkriegs von den Nordstaatentruppen belagert, bei den Kämpfen kamen Tausende Soldaten ums Leben. Bedrückend ist der Besuch des **Vicksburg National Military Park,** eines hügeligen Geländes, in dem sich Nord- und Südstaatler monatelang gegenüberlagen (www.nps.gov/vick; Visitor Center tgl. 8–17 Uhr)

## Hotel

**The Corners**
**601 Klein St.,**
**Tel. (601) 636-7421**
**www.thecorners.com**
Empfehlenswertes Bed & Breakfast-Anwesen mit schöner Aussicht auf den Mississippi. ●●

## Restaurant

**Walnut Hills**
**1214 Adams St.**
**Tel. (601) 638-4910**
Solide Südstaatenküche. An den großen Tischen kommt man schnell miteinander ins Gespräch. ●

Echt gut!

## Auf den Spuren von Elvis

- **Graceland.** Elvis' Anwesen ist erster und wichtigster Stopp für alle Elvis-Fans – fast so etwas wie ein Wallfahrtsort. › Spalte rechts
- **Sun Studio.** Der Ort, an dem Elvis für seine Mutter seine erste Platte aufnahm, lebt gut von seinem prominentesten Kunden. › Spalte rechts
- **American Dream Safari.** Dieser Tourveranstalter kurvt auf seiner »Greatest Hits Tour« mit einem original 55er Cadillac durch Memphis, vorbei an allen wichtigen Elvis-Spots (Tel. 901/527-8870, www.americandreamsafari.com; tgl. 9–17 Uhr).
- **Center of Southern Folklore.** Hier gibt es einen Elvis-Schrein mit Münzeinwurf (119 S. Main St., www.southernfolklore.com; tgl. 11–17 Uhr, im Sommer länger).
- **Heartbreak Hotel.** Alle Zimmer haben eine Elvis-Dekoration, außerdem gibt es rund um die Uhr Elvis-Videos. › S. 131

# Memphis 6

Die meisten Besucher der Mississippi-Metropole (672 000 Einw.) haben nur ein Ziel: ****Graceland,** den **einstigen Wohnsitz von Elvis Presley.** In dem Anwesen lebte der »King« mit seiner Familie von 1957 bis zu seinem Tod 1977. Der Rundgang durch das Haus zeugt sowohl von den grandiosen Erfolgen als auch vom skurrilen Geschmack des Musikers. Rund um Graceland entstand ein Elvis-Themenpark (3734 Elvis Presley Blvd., www.elvis.com/graceland; Sommer Mo–Sa 9–17, So 10–16, Dez.–Febr. Mi–Mo 10–16 Uhr; Eintritt 27–68 $). Echt gut!

Nicht ganz so populär wie Graceland ist das **Sun Studio,** in dem Elvis Presley 1954 seine erste Schallplatte aufnahm. Für Atmosphäre beim **Rundgang durch die immer noch genutzten Studios** sorgen krächzende Aufnahmen von Muddy Waters, Johnny Cash und Roy Orbison, deren Karrieren hier ebenfalls ihren Anfang nahmen (706 Union Ave., www.sunstudio.com; tgl. 10–18 Uhr). Echt gut!

Das **National Civil Rights Museum** sorgt für einen abrupten Stimmungswechsel. Hier, im ehemaligen Lorraine Motel, wurde Martin Luther King Jr. am 4. April 1968 erschossen. In Filmen, mit Bildern und Texten werden die Stationen von den ersten Sklavenaufständen bis zur Schwarzen Bürgerrechtsbewegung in Erinnerung gerufen (450 Mulberry St., www.civilrightsmuseum.org; Mo, Mi–Sa 9–17, So 13–17 Uhr).

Karte Seite 122

In der einstigen Sklavenmarktstadt erlebte auch die Musik der Schwarzen, der Blues, seinen Durchbruch. Eine Büste von W.C. Handy, der mit »Memphis Blues« den ersten Hit dieser Musikrichtung niederschrieb, steht in der **Beale Street,** wo bis tief in die Nacht hinein die Musik der Lokalhelden wie B.B. King aus den Kneipen erklingt.

Mancher Besucher wird an eine Fata Morgana glauben, wenn er plötzlich eine stahlglänzende, 32-stöckige Pyramide erblickt. **The Pyramid,** eine moderne Veranstaltungshalle, soll die Verbundenheit zur namensgebenden altägyptischen Stadt dokumentieren (1 Auction Ave.).

## Info

■ **Visitor Center**
**3205 Elvis Presley Blvd.**
**Memphis, TN 38116**
**Tel. (901) 543-5333**
**www.memphistravel.com**

## Hotels

■ **The Peabody**
**149 Union Ave.**
**Tel. (901) 529-4000**
**www.peabodymemphis.com**
Firstclass-Hotel im Zentrum. Jeden Morgen und Nachmittag erfolgt die legendäre Hausenten-Parade, eine Tradition, die bis 1933 zurückreicht. ●●●

■ **Heartbreak Hotel**
**3677 Elvis Presley Blvd.**
**Tel. (877) 777-0606**
**www.elvis.com/epheartbreakhotel**
Echt gut! **Komfortable Übernachtungsmöglichkeit für Gracelandpilger,** nur einen Katzensprung entfernt. ●●

Am Grab von Elvis Presley

## Restaurants

■ **Rendezvous**
**52 S. 2nd St.**
**Tel. (901) 523-2746**
Memphis ist bekannt für seine Barbecues – hier gibt es das beste. ●

■ **Corky's**
**5259 Poplar Ave.**
**Tel. (901) 685-9744**
Das Barbecue ist legendär. Will man es Einheimischen gleichtun, isst man stilgerecht mit den Fingern im Auto. Tgl. 10.45–22, Fr/Sa bis 22.30 Uhr. ●

# *Nashville 7

Country-Musik aus jeder Bar, coole Typen in Jeans mit pizzagroßen Gürtelschnallen, riesigen Stetson-Hüten und Cowboy-Stiefeln: Das ist die »Music City USA« (549 000 Einw.). Sie ist genau so, wie man sie sich vorstellt – zumindest in der **Music Row,** der rund um die Ecke 16th Avenue South und Demonbreun Street gelegenen Weltzentrale der Country-Musik mit Aufnahmestudios, Musik- und Instrumentenläden, Souvenirshops und Kneipen.

Karte Seite 122



So wie Graceland das Pflichtprogramm der Besucher von Memphis ist, führt in Nashville kein Weg an der ***Country Music Hall of Fame** vorbei, in der neben Kostümen von Hank Williams auch ein goldener Cadillac von Elvis Presley zu sehen ist (222 5th Ave. S., www.countrymusichalloffame.com; tgl. 9–17 Uhr).

Eine weitere Attraktion für Country-Fans ist die altehrwürdige **Grand Ole Opry.** Hier wird seit 70 Jahren die gleichnamige Radioshow produziert. Natürlich darf ein Museum da nicht fehlen (2804 Opryland Dr., Tel. 615/889-6611, www.opry.com; tgl. 10.30 bis 16 Uhr, im Sommer länger). Schauplatz der Grand Ole Opry Show zwischen 1943 und 1974 war das **Ryman Auditorium,** eine umgebaute Kirche. Noch heute finden in der sogenannten »Mother Church of Country Music« Konzerte statt (116 5th Ave. N., www.ryman.com).

### Info

**Nashville Convention & Visitors Bureau**
150 4th Ave. N., Suite G-250
Nashville, TN 37219
Tel. (615) 259-4700
www.nashvillecvb.com

### Hotels

**Gaylord Opryland**
2800 Opryland Dr.
Tel. (615) 889-1000
www.gaylordopryland.com
Ein tropisches Atrium mit Wasserfall verleiht dem Nobelhotel mit Spa Atmosphäre. ●●●

**Renaissance Nashville**
611 Commerce St.
Tel. (615) 255-8400
www. renaissancehotels.com
Bei der Innenausstattung des modernen Hauses dreht sich alles um das Thema Musik. ●●●

### Restaurants

**Aquarium**
516 Opry Mills Dr.
Tel. (615) 514-3474
www.aquariumrestaurants.com
Seafood einmal anders: Die Gäste nehmen zwischen zwei riesigen Wassertanks Platz und lassen sich von den Fischen beim Essen zuschauen. ●●●

**The Old Spaghetti Factory**
160 Second Ave. N.
Tel. (615) 254-9010
Das einstige Warenhaus wurde urgemütlich hergerichtet. ●

## 10 Lynchburg 8

Die Interstate-Abfahrt ist die 111, der Highway trägt die Nummer 55 – bei so vielen Schnapszahlen ist das Ziel klar: Die **Jack Daniel's Distillery** in Lynchburg, die berühmteste und älteste eingetragene Whiskey-Brennerei Amerikas. Dort geht es genauso zu, wie es die Werbung immer behauptet: Alle haben viel Zeit, den Hunderten und Aberhunderten von Whiskey-Fässern, die hier lagern, beim Reifen zuzusehen. Ein Probefläschchen gibt es leider nicht, denn Lynchburg liegt in einem Dry County, in dem nichts Hochprozentiges ausgeschenkt werden darf (www.jackdaniels.com/The-Distillery; tgl. 9–16.30 Uhr).

Karte Seite 122

## Chattanooga 9

Dank Glenn Millers Song »Chattanooga Choo-Choo« ist der Name der Stadt (168 000 Einw.) vielen ein Begriff. Sogar neben der größten Attraktion Chattanoogas, dem ****Tennessee Aquarium,** ist der Text des Liedes in Steinplatten eingemeißelt. In dem riesigen Aquarium kann man in rekonstruierten Biotopen die Flora und Fauna der unterschiedlichsten Regionen hautnah erleben (1 Broad St., www.tennis.org; tgl. 10–18 Uhr).

Der Name ist Programm beim **Lookout Mountain:** Er bietet eine hervorragende Übersicht über die Region. Die 1895 gebaute **Incline Railway** bringt die Besucher zur Bergstation und überwindet dabei Steigungen von mehr als 70 % (www.lookoutmountain.com).

### Info

**Chattanooga Visitors Center**
**2 Broad St.**
**Chattanooga, TN 37402**
**Tel. (423) 756-8687**
**www.chattanoogafun.com**
Am Aquarium; tgl. 8.30–17.30 Uhr.

### Hotel

**Chattanooga Choo-Choo Holiday Inn**
**1400 Market St.**
**Tel. (423) 266-5000**
**www.choochoo.com**
Für Eisenbahnfreunde das einzig mögliche Hotel, das stilgerecht in einem alten Bahnhof von 1908 residiert. Sogar Zimmer in historischen Waggons werden angeboten. ●●

Hier reift der legendäre Whiskey von Jack Daniel's

### Restaurant

**Silver Diner**
**1400 Market St.**
**Tel. (432) 266-5000**
Typisch amerikanisches Diner im 1950er-Jahre-Stil. ●

## Atlanta 10

Der Zuschlag für die Olympischen Sommerspiele 1996 verwandelte die verschlafen wirkende Südstaatencity Atlanta (519 000 Einw.) zumindest downtown in eine hektische, selbstbewusste Metropole.

Die meisten Besucher zieht es zuerst in die **New World of Coca Cola.** Das Brause-Museum bietet eine amüsante Auseinandersetzung mit dem Phänomen Coca Cola, eine Uhr zählt unermüdlich die weltweit verkauften Coke-Einheiten – 10 000 pro Sekunde (121 Baker St., www.woccatlanta.com; Mo–Sa 9–17, So 10–17 Uhr, im Sommer länger).

Eine beliebte Attraktion mitten in Downtown ist **Underground**

Karte Seite 122


**Atlanta,** ein ehemaliges Eisenbahndepot, das zu einer charmanten Passage mit Kopfsteinpflaster und Gaslampen umgebaut wurde, mit einem großen Shopping-, Gastronomie und Unterhaltungsangebot für Jung und Alt, Tag und Nacht (50 Upper Alabama Street, www.underground-atlanta.com).

11 Einen Sprung in die politischen Wirren vergangener Tage macht man beim Besuch der **Martin Luther King Jr. Historic Site** mit der kleinen Ebenezer Baptist Church, in der der Reverend predigte (407–413 Auburn Ave.). Im nahen Martin Luther King Jr. Center for Nonviolent Social Change ist sein Sarg aufgebahrt (449 Auburn Ave.). Ein Museum schildert den Werdegang Kings zum bedeutendsten Bürgerrechtler des 20. Jhs. Den Abschluss des King-Distrikts bildet das Geburtshaus des Reverends (501 Auburn Ave., www.nps.gov/malu; tgl. 10–17, im Sommer bis 18 Uhr).

Die Verehrung für Martin Luther King Jr. ist bis heute ungebrochen

Einer bekannten Tochter der Stadt setzt das **Margaret Mitchell House** ein Denkmal. Im Front Room des 1914 im Tudor-Revival-Stil erbauten Hauses verfasste die Autorin bis zu 60 Versionen jedes Kapitels von »Vom Winde verweht« auf einer klapprigen Schreibmaschine (Peachtree/10th Sts., www.gwtw.org; Mo-Sa 9.30 bis 17, So 10–18 Uhr).

Museale Hauptattraktion Atlantas ist das **High Museum of Art.** Der vom Architekten Richard Meier entworfene Bau hebt sich mit seinen runden, glatten Flächen aus weißen Emailplatten deutlich von der Umgebung ab. Moderne amerikanische und europäische Kunst bilden den Kern der Ausstellung (1280 Peachtree St. N.E., www.high.org; Di–Sa 10–17, Do bis 20, So 12–17 Uhr).

## Info

**Atlanta Convention & Visitors Bureau**
**233 Peachtree St. N.E., Suite 100**
**Atlanta, GA 30303**
**Tel. (404) 521-6600**
**www.atlanta.net**
Visitor Center in Underground Atlanta.

## Hotels

**Hyatt Regency**
**265 Peachtree St. N.E.**
**Tel. (404) 577-1234**
**www.atlantaregency.hyatt.com**
Nobles Kettenhotel mit allem erdenklichen Komfort in zentraler Lage. ●●●

**Indigo Midtown**
**683 Peachtree St. N.E.**
**Tel. (404) 874-9200**
**www.midtownatlantahotel.com**

State Capitol und World of Coca Cola in Atlanta

Farbenfrohe, stilvolle Zimmer nahe dem CNN Center; mit Pool; Internetzugang und Tageszeitung sind gratis. ●●

### Restaurants

■ **Anthony's**
**3109 Piedmont Rd.**
**Tel. (404) 262-7379**
**www.anthonysfinedining.com**
Delikatessen genießen mit Atmosphäre in 12 historisch eingerichteten Räumen eines Herrenhauses von 1797. ●●●

■ **The Varsity Downtown**
**61 North Ave./Spring St.**
**Tel. (404) 881-1706**
**www.thevarsity.com**
Echt gut! **Im größten Drive-In-Restaurant der Welt** sollte man unbedingt die Hot Dogs probieren. So–Do 10–23.30, Fr/Sa 10–0.30 Uhr. ●

## Montgomery 11

Der Name von Alabamas Hauptstadt (202 000 Einw.) ist untrennbar mit der Bürgerrechtsbewegung verbunden: Die Schwarze Rosa Parks hatte sich 1955 geweigert, einem Weißen ihren Sitzplatz im Bus zu überlassen. Parks' Verhaftung führte zum 381-tägigen Montgomery-Bus-Boykott, bis der US Supreme Court die Trennung von Schwarz und Weiß in öffentlichen Verkehrsmitteln aufhob. Das **Civil Rights Memorial** (Washington/Hull Sts.) erinnert an die Bewegung.

Besonders stolz ist Montgomery auf seine **Old Alabama Town,** mehr als drei Straßenzüge restaurierter Blockhäuser, die bis zu 170 Jahre alt sind (Eingang 301 Columbus St.; Mo–Sa 9–15 Uhr, im Sommer länger).

## Charleston 12

Die charmante Südstaatenstadt Charleston (107 800 Einw.) ist gleichermaßen vom Tourismus wie vom dort stationierten Militär geprägt. Dennoch fühlt man sich beim Bummeln zurückversetzt in die Zeit vor dem Bürgerkrieg, als die Baumwollaristokratie sich hier stolze Anwesen bauen ließ. Ausgangspunkt eines Rundgangs durch das historische Zentrum ist das **Charleston Visitor Center** (Meeting/John Sts.).

An der Meeting Street selbst befinden sich nicht nur einige der schönsten Häuser der Stadt, sondern auch der **Old City Market** (tgl. 9.30 Uhr bis Sonnenuntergang).

Echt gut!

Im **Old Slave Mart Museum** sieht man das ganz anders. Bis 1863 wurden in diesem Haus Sklaven an- und verkauft. Heute widmet sich das Museum der Geschichte der Afroamerikaner (Chalmers St.; Mo-Sa 9–17 Uhr).

### Info

■ **Charleston Convention & Visitors Bureau**
**375 Meeting St.**
**Charleston, SC 29403**
**Tel. (843) 853-8000**
**www.charlestoncvb.com**

### Hotel

■ **Best Western King Charles Inn**
**237 Meeting St.**
**Tel. (843) 723-7451**
**www.kingcharlesinn.com**
Inmitten der Altstadt, einige Zimmer mit kleinem Balkon. Üppiges Frühstück, freies Parken. ●●

### Restaurants

■ **Poogan's Porch**
**72 Queen St.**
**Tel. (843) 577-2337**
Seit den 1970er-Jahren Treffpunkt von Politikern, Touristen, Einheimischen – allesamt Liebhaber guter kreolischer Küche. ●●●

■ **Sticky Fingers**
**235 Meeting St.**
**Tel. (843) 853-7427**
Der Name sagt es: Auf Tischmanieren wird in dem Ribs- und Barbecue-Restaurant nicht der größte Wert gelegt. ●

## Ausflug: *Boone Hall Plantation

Echt gut

Eine Vielzahl von Filmfans kennt wohl diese **typische Südstaaten-Plantage** 13 km nördlich von Charleston. Auf diesem Anwesen wurden Teile von »Fackeln im Sturm« gedreht, außerdem soll das Haupthaus Vorbild gewesen sein für »Tara« in »Vom Winde verweht« – ist aber ein Nachbau, original sind nur die Sklavenhütten. Boone Hall bietet heute rund ums Jahr neben Besichtigungen ein vielseitiges Veranstaltungsprogramm (1235 Long Point Rd., http://boonehallplantation.com; Mo–Sa 9–17, So 13–16 Uhr, im Sommer länger).

## 12 *Savannah 13

In Savannah (128 000 Einw.) wurde 1733 Georgia als 13. und letzte Kronkolonie gegründet. Einer Bürgerinitiative ist zu verdanken, dass es sich nach dem Zusammenbruch des Baumwollmarktes in eine idyllische Vorzeige-Südstaatenstadt mit 21 öffentlichen Grünanlagen und schön restau-

Karte Seite 122

Im Historic District von Savannah

rierten ehemaligen Herrenhäusern verwandelte.

Die bekanntesten historischen Häuser der Stadt sind das **Davenport House** (324 E. State St.) mit seiner für die damalige Zeit extravaganten, spiralförmigen Treppe sowie das prächtige **Owen-Thomas House** (124 Abercorn St.). Beide verfügen über kleine Museen, die die Blütezeit Savannahs dokumentieren.

Rund um den **City Market** mit seinen zahlreichen Geschäften, Restaurants und Galerien sowie in den Cafés und Bars in den ehemaligen Warenhäusern unmittelbar an der Waterfront pulsiert das Leben (W. Saint Julien St.).

### Info

■ **Visitors Information Center**
**301 Martin Luther King Jr. Blvd.**
**Tel. (912) 944-0455**
**Savannah, GA 31401**
**www.savannahvisit.com**

## Okefenokee Swamp 14

Der Okefenokee Swamp beeindruckte schon die Indianer, die das 40 km lange und 60 km breite Sumpfgebiet »Land der zitternden Erde« nannten. Hüpft man auf den bis zu 5 m dicken Torfschichten, wackelt der Boden. Respekt flößen zudem die relativ großen Alligatorenbestände ein; zudem bieten die Sümpfe zahlreichen Vogelarten Schutz. Zum **Okefenokee National Wildlife Refuge** gibt es in Georgia vier öffentliche Zugänge: in Folkston, Race Pond und zwei in Fargo (www.fws.gov/okefenokee).

Hinzu kommt noch der private **Okefenokee Swamp Park,** 8 Meilen südlich von Waycross, der u.a. Bootstouren durch die Sümpfe anbietet (U.S. 1 South, www.okeswamp.com; tgl. 9–17.30 Uhr).

# Infos von A–Z

## Ärztliche Versorgung

Die ärztliche Versorgung in den USA ist zwar gut, aber teuer. Die gesetzlichen Krankenkassen ersetzen Aufwendungen nicht, daher empfiehlt sich der Abschluss einer Reisekrankenversicherung (inkl. Rückführung bei medizinischer Notwendigkeit). Im Krankheitsfall wird trotzdem um Vorauskasse gebeten.

## Alkohol

In den meisten Bundesstaaten ist Alkohol erst ab 21 Jahren erhältlich, aber auch deutlich ältere Gäste sollten darauf vorbereitet sein, bei Alkoholbestellungen bzw. -kauf einen Ausweis präsentieren zu können. Bier und Wein verkaufen Lebensmittelläden, Hochprozentiges bekommt man nur in speziellen *liquor stores*. In sogenannten *dry counties* ist der Verkauf hochprozentigen Alkohols prinzipiell untersagt.

## Behinderte

Verkehrsmittel sind in den USA ebenso behindertengerecht eingerichtet wie Restaurants, Hotels und öffentliche Gebäude. Diverse Mietwagenfirmen halten speziell ausgerüstete Fahrzeuge für *physically challenged clients* bereit.

## Diplomatische Vertretungen

- **Deutsche Botschaft**, 4645 Reservoir Rd. N.W., Washington, D.C. 20007-1998, Tel. (202) 298-4000, Fax 298-4249, http://www.washington.diplo.de
- **Österreichische Botschaft**, 3524 International Court N.W., Washington, D.C. 20008-3027, Tel. (202) 895-6700, Fax 895-6750, www.austria.org
- **Schweizer Botschaft**, 2900 Cathedral Ave., N.W., Washington, D.C. 20008, Tel. (202) 745-7900, Fax 387-2564. www.eda.admin.ch/washington

## Einreise

Für die Einreise in die USA benötigen Deutsche, Schweizer und Österreicher einen mindestens noch sechs Monate lang gültigen, maschinenlesbaren Reisepass, auch Kinder benötigen einen eigenen Reisepass. Nach dem 25. Okt. 2005 ausgestellte Pässe müssen ein digitales Lichtbild aufweisen, jene nach dem 25. Okt. 2006 ausgestellten müssen zusätzlich über biometrische Daten in Chip-Form verfügen (E-Passport). Für einen Aufenthalt über 90 Tagen ist ein Visum erforderlich, das Botschaften und Konsulate der USA ausstellen. Eine Neuerung bei den Modalitäten ist, dass Personen, die per Flugzeug oder Schiff in die USA einreisen, eine Erlaubnis online über das Reisegenehmigungssystem ESTA beaantragen müssen (Infos unter www.usembassy.de).

## Elektrizität

Die Netzspannung in den USA beträgt 110 Volt Wechselstrom. Die meisten Geräte (Handy, Laptop, Musikspieler) passen sich automatisch daran an, die trotzdem erforderlichen Adapter bringt man am besten von zu Hause mit.

## Feiertage

New Year's Day (1. Jan.); Martin Luther King Day (3. Mo im Jan.); President's Day (3. Mo im Febr.); Memorial Day (Heldengedenktag; letzter Mo im Mai); Independence Day (Unabhängigkeitstag; 4. Juli); Labor Day (Tag der Arbeit; 1. Mo im Sept.); Columbus Day (2. Mo im Okt.); Veterans Day (Soldatengedenktag; 11. Nov.); Thanksgiving Day (Erntedankfest; 4. Do im Nov.); Christmas Day (25. Dez.). Fällt ein Feiertag auf einen Sonntag, so ist der darauffolgende Montag frei.

## Geld und Währung

Vom US-Dollar ($ = 100 Cents) sind Banknoten im Wert von 1, 5, 10, 20, 50 und 100 $ im Umlauf. Die Mitnahme von Dollar-Reiseschecks empfiehlt sich ebenso wie die einer Kreditkarte (z.B. Master-/Eurocard, VISA). Letztere ist beim Anmieten eines Kfz notwendig.

## Information

Informationen (in Deutsch) und weiterführende Links zu allen Bundesstaaten:

- **www.usa.de**
- **www.discoveramerica.com/de**

In jedem größeren Ort der USA informieren Convention & Visitor Bureaus (CVB) oder Visitor Information Centers.

## Internet

In den USA gibt es quasi überall Internetcafés. Per Notebook mit Drahtlos-Funktionalität (WLAN) kann man sich an immer mehr öffentlichen Plätzen (z.B. Flughäfen, Bahnhöfen) gegen Kauf von Online-Zeit ins Internet einwählen.

## Kleidung

Amerikaner sind, was Kleidung anbelangt, eher unkompliziert. Mit Jeans und Hemd/Bluse ist man fast immer passend gekleidet. In Restaurants, die auf *formal attire* Wert legen, muss es Abendgarderobe sein. »Oben ohne« am Strand ist nicht nur verpönt, sondern kann – je nach Bundesstaat – sogar eine Straftat sein. Das gilt natürlich nicht an den (wenigen) *nude beaches*.

## Notruf

Rettungsdienste, Feuerwehr und Polizei sind zentral über die gebührenfreie Notrufnummer »911« zu erreichen, auch der Operator (0) verbindet im Notfall. Mitglieder kooperierender Automobilclubs wie ADAC, ÖAMTC oder ACS erhalten Pannenhilfe von der American Automobile Association AAA (Tel. 1-800-AAA-HELP, www.aaa.com).

## Öffnungszeiten

Ein Ladenschlussgesetz gibt es in den USA nicht. Viele Läden haben rund um die Uhr geöffnet, bei Einkaufszentren gelten als Kernöffnungszeiten Mo–Sa 10–21 und So 12–18 Uhr.

Banken haben Mo–Do 9–16 und Fr bis 18 Uhr geöffnet, Postämter Mo–Fr 9 bis 17 Uhr, in Großstädten, an Flughäfen und Bahnhöfen oft auch länger.

Für Museen gilt als grobe Orientierung die Zeit zwischen 10 und 17 Uhr; oft ist montags geschlossen.

## Rauchen

Die USA haben strenge Nichtrauchergesetze, die in einzelnen Bundesstaaten und Städten noch abweichen können. Meistens ist das Rauchen in Restaurants, öffentlichen Gebäuden, Verkehrsmitteln inklusive Taxis, oft auch in Bars und Kneipen strikt verboten. Viele Hotels verfolgen inzwischen eine *non-smoking policy*. In den anderen sollte man explizit nach einem Raucher- oder Nichtraucherzimmer fragen.

## Sicherheit

Die USA sind sicherer, als ihr Bild in den Medien vermuten lässt – solange man die üblichen Vorsichtsmaßnahmen einhält. Dazu gehört, unbelebte Gegenden zu meiden, im Hotel stets das Sicherheitsschloss vorzulegen, größere Men-

| Urlaubskasse | |
|---|---|
| Tasse Kaffee | 1–1,20 € |
| Softdrink | 1,20 bis 1,50 € |
| Glas Bier | 2–3 € |
| Hamburger | 0,60–2 € |
| Kugel Eis | 1,50–2 € |
| Taxifahrt (2 bzw. 20 km, New York) | 4 bzw. 40 € |
| Mietwagen/Tag | ab 30 € |

gen Bargeld und Reisedokumente im Safe zu deponieren und von Pass und Flugschein eine Fotokopie anzufertigen (vgl. dazu auch die Sicherheitshinweise z.B. unter www.auswaertiges-amt.de).

## Telefon und Handy

Die Vorwahl für die USA ist 001. Aus den USA ins Ausland wählt man zunächst 11, dann die Länderkennzahl (49 für Deutschland, 43 für Österreich und 41 für die Schweiz) sowie die Ortsnetzkennzahl ohne »0«. Amerikanische Telefonnummern sind stets siebenstellig, ergänzt durch eine dreistellige Vorwahl. Um aus dem lokalen ins landesweite Netz zu gelangen, muss eine »1« vorgewählt werden. Die Vorwahlnummern 800 und 888 zeigen gebührenfreie Rufnummern an (i.d.R. nur bei Telefonaten innerhalb Nordamerikas), bei der 900er-Vorwahl wird es dagegen teuer. Bei allen Fragen hilft der Operator unter der »0« weiter. Preiswerter als Münz-Ferngespräche ist ein Telefonat mit Calling-Cards, die es in vielen Geschäften ab etwa 5 $ gibt.

In Europa genutzte Handys funktionieren in den USA nicht. Ausnahme sind sogenannte Tri-Band-Geräte, die mit dem US-amerikanischen GSM-1900-Standard kompatibel sind. Große Provider wie Vodafone oder T-Mobile bieten in Deutschland die Möglichkeit, vorab für die Dauer eines USA-Aufenthalts GSM-1900-Handys zu mieten.

### Maße und Temperaturen

**Länge**
1 inch (in.) = 2,54 cm
1 foot (ft.) = 12 inches = 30,48 cm
1 yard (yd.) = 3 feet = 91,44 cm
1 mile (mi.) = 1,609 km

**Volumen**
1 gill (gl.) = 0,118 Liter
1 pint (pt.) = 4 gills = 0,473 Liter
1 quart (qt.) = 2 pints = 0,946 Liter
1 gallon (gal.) = 4 quarts = 3,785 Liter

**Gewicht**
1 ounce (oz.) = 28,35 g
1 pound (lb.) = 16 ozs. = 453,6 g
1 stone (st.) = 14 lbs. = 6,35 kg
1 quarter (qr.) = 25 lbs. = 11,339 kg
1 hundredweight = 4 qrs. = 45,359 kg
1 ton(t) = 2000 lbs. = 907 kg

**Temperatur**

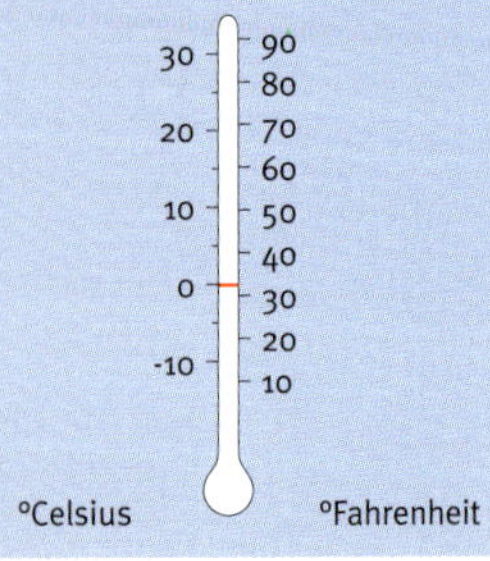


## Trinkgeld

In Restaurants ist ein Trinkgeld von 15–20 % des Rechnungsbetrages obligatorisch. Immer mehr Restaurants schlagen bei Gruppen ab vier bis sechs Personen automatisch ein Trinkgeld von 15–20 % auf die Rechnung auf. In Fast-Food-Restaurants wird kein Trinkgeld gegeben. Gepäckträger erhalten 1 $ pro Koffer, Zimmermädchen bei der Abreise 1–2 $ pro Aufenthaltstag, Taxifahrer erwarten 10 % des Fahrpreises.

## Zeitzonen

Die östlichen Staaten der USA liegen in der Eastern (MEZ – 6 Std.) bzw. Central Time Zone (MEZ – 7 Std.) mit Sommerzeit ähnlich wie in Europa › auch S. 31.

## Zoll

Zollfrei eingeführt werden dürfen 200 Zigaretten oder 50 Zigarren oder 2 kg Tabak, außerdem 1 l Alkohol. Landwirtschaftliche Erzeugnisse darf man nicht einführen. Bei der Wiedereinreise ins Heimatland müssen Mitbringsel (auch Geschenke!) ab einem Gesamtwert von 430 € bzw. 300 CHF verzollt werden.

# Register

## ildnachweis

lamy/Bernd Classen: 53; Bildagentur Huber: 57; Bildagentur Huber/Gräfenhain: 1, 48, 104; ildagentur Huber/F. Romiti: 32; Bildagentur Huber/R. Schmid: 30; Catch-the-Day/Manfred raunger: U2-Top12-03, U2-Top12-04, U2-Top12-05, U2-Top12-07, U2-Top12-10, U2-Top12-1, U2-Top12-12, 2-2, 14, 17, 37, 38, 40, 41, 45, 54, 67, 70, 71, 75, 79, 80, 91, 93, 96, 99, 00, 109, 131, 133, 135; fotolia.com/Albo: 69; fotolia.com/Xavier Marchant: U2-Top12-1; otolia.com/Jonathan Larsen: U2-Top12-02; fotolia.com/Lorraine Swanson: U2-Top12-6; ernd F. Gruschwitz: 2-3; Volkmar Janicke: 9, 85, 103, 115, 117, 124; laif/Bosse: U2-Top12-9; laif/Heeb: 73, 87, 137; laif/Le Figaro Magazine/Delance: 23; laif/Redux/The New York imes: 83; laif/Sasse: 64; LOOK-foto/age fotostock: 6, 27, 61; LOOK-foto/Franz Marc Frei: 12, 0, 76, 111; LOOK-foto/Rainer Martini: 119; mauritius-images/René Truffy: 134; Sabine von oeffelholz: U2-Top12-8, 19, 24, 28, 46, 47, 60, 62, 113, 114; Karl Teuschl: 129; Universal rlando: 5; Wichmann Tourism Service/Jeff Strout: 2-1, 126.

**www.polyglott.de**

## olyglott im Internet: www.polyglott.de

## mpressum

Vir freuen uns, dass Sie sich für einen Reiseführer aus dem Polyglott-Programm ntschieden haben. Auch wenn alle Informationen aus zuverlässigen Quellen stammen nd sorgfältig geprüft sind, lassen sich Fehler nie ganz ausschließen. Wir bitten um erständnis, dass der Verlag dafür keine Haftung übernehmen kann. Ihre Hinweise und nregungen sind uns wichtig und helfen uns, die Reiseführer ständig weiter zu verbessern. itte schreiben Sie uns:
olyglott Verlag, Redaktion, Postfach 40 11 20, 80711 München, redaktion@polygott.de

**Vir wünschen Ihnen eine gelungene Reise!**

erausgeber: Polyglott-Redaktion
utor: Ken Chowanetz
xterner Redakteur: Christian Steinmaßl
ildredaktion: Polyglott und Christian Steinmaßl
ayout: Ute Weber, Geretsried
iteldesign-Konzept: Studio Schübel Werbeagentur GmbH, München
arten und Pläne: Polyglott Kartografie
artographische Bearbeitung: Sybille Rachfall
atz: Schulz Bild & Text, Hamburg
ruck: Himmer AG, Augsburg
indung: »Butterfly«-Bindeverfahren zum Patent angemeldet durch
olibri Industrielle Buchbinderei GmbH 2008


rinted in Germany
ieses Buch wurde auf chlorfrei gebleichtem Papier gedruckt.
SBN 978-3-493-55793-0

# Mini-Dolmetscher Amerikanisches Englisch

## Allgemeines

| | |
|---|---|
| Guten Morgen. | Good morning. [gud **mohr**ning] |
| Guten Tag. (nachmittags) | Good afternoon. [gud äfter**nuhn**] |
| Hallo! | Hi! [hai] |
| Wie geht's? | How are you? [hau **ahr**‿ju] |
| Danke, gut. | Fine, thank you. [**fain, θänk**‿ju] |
| Ich heiße ... | My name is ... [mai **nehm**‿is] |
| Auf Wiedersehen. | Bye-bye. [baibai] |
| Morgen | morning [**mohr**ning] |
| Nachmittag | afternoon [äfter**nuhn**] |
| Abend | evening [**ihw**ning] |
| Nacht | night [nait] |
| morgen | tomorrow [tu**morr**oh] |
| heute | today [tu**deh**] |
| gestern | yesterday [**jes**terdeh] |
| Sprechen Sie Deutsch? | Do you speak German? [du‿ju spihk **dsehöhr**mən] |
| Wie bitte? | Pardon? [**pahr**dn] |
| Ich verstehe nicht. | I don't understand. [ai **dohnt** ander**ständ**] |
| Würden Sie das bitte wiederholen? | Would you repeat that please? [wud‿ju ri**piht** ðät, **plihs**] |
| bitte | please [**plihs**] |
| danke | thank you [**θänk**‿ju] |
| Keine Ursache. | You're welcome. [johr **wäll**kamm] |
| was / wer / welcher | what / who / which [wott / huh / witsch] |
| wo / wohin | where [wäər] |
| wie / wie viel | how / how much [hau / hau **matsch**] |
| wann / wie lange | when / how long [wänn / hau **long**] |
| Wie heißt das? | What is this called? [**wott**‿**is** ðis **kohld**] |
| Wo ist ...? | Where is ...? [**wä r**‿is ...] |
| Können Sie mir helfen? | Can you help me? [kän‿ju **hälp**‿mi] |
| ja | yes [jäss] |
| nein | no [noh] |
| Entschuldigen Sie. | Excuse me. [iks**kjuhs** mi] |

## Sightseeing

| | |
|---|---|
| Gibt es hier eine Touristeninformation? | Is there a tourist information? [is‿ðər‿ə **tu** rist infərmehschn] |
| Haben Sie einen Stadtplan / ein Hotelverzeichnis? | Do you have a city map / a list of hotels? [du‿ju häw‿ə **ß**iti mäpp / list‿əw hoh**tälls**] |
| Welche Sehenswürdigkeiten gibt es hier? | What are the local sights? [**wott**‿ahr ðə **loh**kl **ßaits**] |
| Wann ist ... geöffnet? | When are the opening hours of ...? [**wänn**‿ahr ði **ohp**ning auers əw ...] |
| das Museum | the museum [ðə mju**sih**əm] |
| die Kirche | the church [ðə **tschöhr**tsch] |
| die Ausstellung | the exhibition [ði egsi**bischn**] |
| Wegen Restaurierung geschlossen. | Closed for restoration. [**klohsd** fər räßtə**rehschn**] |

## Shopping

| | |
|---|---|
| Wo gibt es ...? | Where can I find ...? [**wä r** kən‿ai **faind** ...] |
| Wie viel kostet das? | How much is this? [**hau**‿matsch **is**‿ðis] |
| Das ist zu teuer. | This is too expensive. [ðis‿is **tuh** iks**pänn**ßiw] |
| Das gefällt mir (nicht). | I like it. / I don't like it. [ai **laik**‿it / ai **dohnt laik**‿it] |
| Gibt es das in einer anderen Farbe / Größe? | Do you have this in a different color / size? [du‿ju **häw**‿ðis in‿ə **diff**rənt **kaller** / **ßais**] |
| Ich nehme es. | I'll take it. [ail **tehk**‿it] |
| Wo ist eine Bank? | Where is a bank? [**wä r**‿is ə‿**bänk**] |
| Ich suche einen Geldautomaten. | I am looking for an ATM. [aim **luck**ing fər‿ən **ätihem**] |
| Geben Sie mir zwei Pfund (ca. 900 g) Pfirsiche / Tomaten. | Could I have two pounds of peaches / of tomatoes. [kud‿ai häw **tuh paunds**‿əw **piht**schis / tə**mäi**tohs] |
| Haben Sie deutsche Zeitungen? | Do you have German newspapers? [du‿ju häw **dsehöhr**mən **nuhs**pehpers] |
| Wo kann ich telefonieren / mit meiner (Telefon-) Kreditkarte? | Where can I make a phone call / with my credit card? [**wä r** kən‿ai mehk‿ə **fohn**‿kohl / wið mai **krädit**‿kahrd] |